Hello, everyone!!

Mr.Rinnaiの定時制日記

林内隆二

菜の花

はじめに

私がえらく長い期間を定時制高校に務めてきたのは定時制が好きだからである。好きな理由①一クラスの人数が全日制高校に比べれば少ない。少ないと言うことは生徒の顔と名前が覚えやすい。特に歳をとり記憶力が衰えてくる四十代以降でも全校生徒(と言っても六十~八十名位)の名前と生活環境を覚えやすい。これは教師には自信につながる。更に一時間に一、二回しか当たらない大人数の授業に比べ、しつこいくらい当てることも可能だ。しかもその子のつまづいている箇所もつかみやすい。②定時制高校の教科担当者は概ね一教科一名であり、個人の創意工夫を授業内容に生かしやすい。全日制では授業の進度を合わせ、試験問題の内容は共同で作成する為、同僚の出題を「暗記クイズみたいな問題ばかし出してしょうもな、もっと考えさせる問題を作れよ」と思っても口に出せばトラブルになるので言わないが、一人担当では自分の思ったように出来る。まあもっとも独善に陥らないよう、生徒や同僚の批評に対しては謙虚に受け止めるだけの度量は必要でかつ、授業は常に開かれていなければならない。私の授業はいつでもオープンだ。但し見るからには参加してもらうことにしている。つまり参観者にも問題を当てる。③「同じ釜の飯を食う」という言葉があるが、定時制は給食と言う名の同じ釜の飯を食べる。食堂は「何であいつは来てない?」とか「何であの子は離れたテーブルで一人で食ってる?」とか「あのおしゃべりが何で黙って食ってる?」などの健康観察が自然に出来る場でもある。養護教諭や担任にとって給食の場は生徒たちとの大事な接点の一つだ。④生徒の年齢構成が多様である。十代から七十代まで、芸能界を夢見る若者もいれば、職場で主任になる為に上級資格や免許が必要になり、そのための基礎学力を求めて入学してきた中堅のエンジニアのおいちゃんもいる。また小さな会社の社長をしながら学びを求めてきたおやじさんや、幼少時家の手伝いに追われ学校に行けず学び直しをするために入学してきたおじさん、おばさんたちもいる。学ぶのに遅すぎるということはない。学びたいと思った時が旬なのだ。これらの人たちが一つのクラスに集い、机を並べ共に学び合う場は社会の縮図と言ってもいい。更に今から社会に出ようとする若者たちから高齢者までが時間と空間を共有しつつ成長し合う場は、何ものにも代えがたい貴重な人生経験の場である。そこでは教師も一人の参加者に過ぎない。生徒である人生の先輩たちにどれだけ授業を助けてもらったことだろう。「国とか人種とかそんなことにこだわるから戦争が起きる。私は自分を世界人だと思ってます」と言った在日のハルモニがいた。そんな一言が、何故英語を学ぶのかという英語教育のテーマをグッと深めてくれる。そして年長者の自分の孫たちを見るような眼差しは、若い子たちの忘れていた優しさを引き出すこともあった。こんな場で教えることが出来る幸せは、定時制高校教師なればこそである。⑤定時制には制服がない。昼間働いている彼らの職場のユニフォーム、家で家事にいそしむ服こそが彼らの制服であろう。髪型の制約もない。「髪は肩以上の長さは結ぶ。前髪は眉毛にかかっちゃ駄目、口紅は禁止、スカートはひざ下より短いのは駄目、ツーブロックは駄目、シャツのボタンをはずしては駄目、靴下は白、デザインはワンポイントまで･･･」などの校則もない。規則があれば違反している箇所に先ず目が行くのが教師の職業病で、違反すれば全体の調和を乱す不届き者という印象に捕らわれる。その子の中身に到達する前に外観に捕らわれ、本質にたどり着く前に関係が悪化して良好な人間関係を築きにくくなる。そういった問題に拘束されないことが如何に教育にゆとりをもたらすか、一考の価値はある。私が定時制高校を好きな理由はまあそんなところである。

目次

第一話　張（チャン）さんの青春

定時制高校について話をする機会をいただいた。有難いなあと嬉しく思っている。先ずあなたは定時制高校って何だと思いますか？　全日制高校とのちがいは？　全日制は昼で定時制は夜？　答えはノー。昼間の定時制高校だって存在する。じゃあ定時制高校は四年間で全日制高校は三年間？　否！　定時制高校でも通信制と併せて三年間で卒業するケースがある。ここは一番、言葉の意味から考えてみよう！「丸一日」という意味の「全日」に対して、「一日の一部分」の意味の「定時」という語がある。だから、毎日六時間授業をフルタイムとすれば四時間の定時制はパートタイムということになります。よって英語の辞書には定時制高校は「パートタイム・ハイスクール」と書いてある。でも、外国の高校がすべて六時間とは限らないし、パートタイムが四時間授業とも限らない。「パートタイム・ハイスクール」では定時制高校のイメージは伝わらない。寿司、味噌汁、カラオケは日本の固有の物だから、そのまま sushi、miso soup、karaoke という。その国に同じ物がない限り、外国語に変換できるとは限らないのです。

高校には ALT（Assistant Language Teacher）という外国人英語教師が配置されていますが、彼らに聞くと、定時制高校として一番しっくり来る表現は「イーブニング・ハイスクール」でした。理屈上の表現より、感覚的にピタッとくる言葉かなと思っています。そう、夕方、高校にやってくる彼らは、昼間の高校生と同じ、高校生。ただ、働きながら通学する彼らは、作業着や仕事着のまま、飛び込んでくるから制服はなく、夕食を食べてくる時間的余裕もないから、食堂で給食をとります。教科書は定時制専用の教科書があるわけではなく、全日制と同じ教科書を使います。ただ一日に四時間の授業なので全日制が六時間×三年間で卒業するところを四年間かけて卒業するわけですが、全日制と大きく違うのは、十代、二十代、三十代、四十代、五十代、六十代、七十代と様々な年代の人たちが学んでいる点だと言えるでしょう。これは全日制では有り得ない。でも、学校とは本来こんなものかもしれないとも思います。一人の賢者が木陰で教えを説いてる。そこに次第に人が集まり耳を傾け、質問をしたり答えたり。それが学び舎の原点だとすれば、老若男女、色んな人が集うのが自然なことであり、今の学校のように同じ年の子たちが一つの空間に集められて勉強をすることの方が不自然な気もする。実際、定時制の教室では、様々な年代の人たちが混じったクラスほど落ちついて、いい雰囲気を持っていることが多いのです。

在日二世の張さんは六十四歳で定時制高校入学を果たします。「徴用」という名の強制連行で日本に連れてこられた父親と、夫を追って渡日した母親との間に生まれた張さんの家族は大戦の歴史の渦に飲み込まれます。弟たちの子守をしたり親の手伝いをしたり、また選炭場で働いていた張さんは小学校もろくに通えず、苦労して育ちますが、長じては伴侶を得て子どもにも恵まれ、鉄くず拾いをしたり、読み書きに不自由しながらも運転免許も取って重労働の末、二男一女を立派に育て上げます。そして六十を過ぎた頃、学校に行きたかったという燻り続けてきた思いが再び心に燃え始めます。「学校に行きたかった、学校に行きたかった」と口癖のように繰り返す張さんに、子どもたちは「そんなに行きたかったら行ったら」と言いました。普通、年齢を重ねて勉学を志す人が定時制進学を希望しても「体裁が悪いからやめて」という家族の反対で断念する人は少なくないのです。なのに張さんの家族は後押しをした、それはとっても素晴らしい事でした。娘の美子さんは母親を学校に行かせるべく色々調べます。社会人も通える定時制高校が存在することも分かった。だけど大きな壁が立ちはだかりました。小学校を中断し中学校にも行ってない張さんには高校の受験資格がないことが分かったのです。ではどうしたらいいですか、と役所に問い合わせた美子さんに窓口の職員は「制服を着て中学に行ってもらうしかないですね」と答えました。戦後在日の人々が味わった塗炭の苦しみは日本の植民地政策及び敗戦後の清算されなかった補償結果によりもたらされたものです。この職員の答弁は行政機関に務める者としてそういった歴史を知らなかったとすればあまりに不見識であり、知った上で言ったとすれば許しがたい発言です。美子さんは込み上げる怒りを抑えながら「絶対に母親を学校に行かせるんだ」と決意します。

彼女は当時通っていた大学のゼミのレポートに母親のことと自分の思いを書きます。それを読んだ教授は彼女の思いに賛同し、学ぶ場がなければ作ろう、出来ることをやろうと動きます。取り組みは学ぶ場としての識字学級「青春学校」に結実し、張さんと同じく歴史に飲み込まれてきた在日のハルモニやハラボジたちの学習の場として現在に至るまで続けられることになるのです。そして中学に行けなかった人への措置として「中学校卒業程度認定試験」という中学卒業時の五教科の学力有りと判断されれば卒業を認定する国家試験があることも分かりました。それは色んな理由で中学に行けなかった人たちに課す試験としてはあまりに高いハードルの試験でしたが、張さんは歯を食いしばって勉強を続け、三年という年月を経て合格をしました。そして中学校卒業の資格をもとに高校入試に合格し、戸畑中央高校定時制に入学を果たしたのでした。張さんの同級生の子たちは孫ほども年が離れています。しかし、今が私の青春と、彼らと一緒に机を並べ、学びの道を歩む張さんの姿に違和感はありません。張さんは定時制高校、ピカピカの一年生でした。

第二話　酒の勢いで入学した鶴我さん

この世に酒で失敗した人は五万といるに違いないが、酒で定時制高校に入学した人はそうはいないだろうと思われる。鶴我和浩さんは中学校を卒業する時、学歴より仕事を選び職業訓練校に入校、その後はがむしゃらに働いてきた。数年前「今度息子が高校受験やけど、兄ちゃんも行きたかった若松定時制受験すれば」と妹に言われ、「三十年勉強しとらんし、五十になろうかちゅうのに今更勉強できるわけがない」「私が卒業したのに兄ちゃんはできんの」と口論になり、仕事の疲れに酒が入っていたこともあり、鶴我さんは「おう何ちか！　俺が卒業しきらんちか！　やったら行っちゃらい！」と啖呵を切ってしまった。以前から定時制に行って高校卒業の資格を取りたいと思いながらも、願書を出す決断がどうしてもつかない兄の背中を押してくれた妹さんの気持ちに後で気づいた鶴我さんは、入学以来四年間、どんなに仕事がきつくても休まず、無遅刻無欠席で頑張り続けた。記憶力と体力の衰えはあったし、落ち込んだ日もあった。しかし高校に行きたいという夢は、どんな時でも鶴我さんの気持ちを折れさせることはなかった。「卒業することが妹への恩返しだと思うんですよ。自分は酒の勢いで入学してしまった。だけど卒業までは酒は控えようと思います。もし卒業できたら、今の苦労もあの時は楽しかったなあと思い出話になるかもしれない。『苦あれば楽あり』と自分に言い聞かせて頑張ってます」そう言った鶴我さんはこの春、満面の笑みを浮かべて若松高校定時制を卒業していった。遅刻もせず欠席もせず、ひたすら歩み続けた四年間だった。定時制高校に入学することは比較的やさしい。だが、卒業にこぎつけることは格段に難しい。入学者のうち何人が卒業というゴールにたどり着けることだろう。その道は長く険しい。

長く定時制高校にいると色んな面白いことに出会うが、エリという女の子が職員室に飛び込んでくる。「先生！ オーロラコミュニケーションっち、何なん？」「？？？」「ほらぁオーロラコミュニケーションっち時間割に書いとるやん！」私はここまで来てようやく合点がいく。「ああそれはな、オーラルコミュニケーションっていってな、読み書きじゃなく、聞いたりしゃべったりを主にやる勉強や。だけどなエリ、オーロラコミュニケーションなら南極に行かんとできんぞ」「ゲッ！」


英語の勉強が苦手な子たちだが、外国語に対する興味も好奇心も旺盛で、特にALT（外国人教師）とのコミュニケーションは恥ずかしさと興奮で顔は上気する。JT（日本人教師）が苦虫を噛み潰して「ハローエブリバディ！」とやったって異国の情緒はかもし出せないが、ALTはそこにいるだけで外国そのものなのだ。そして彼らが語るものは外国の文化そのもの、生徒達のテンションも上がろうというものだ。そう、彼らは何とか自分の気持ちを通じさせたいと思う。それこそが学ぶ動機となる。単語知らなくて結構、知らなきゃ辞書をひく事を覚えりゃいい。要は学びたいと思うことが大事だ。世界の人たちと話せれば楽しいぜよ。I am a pen. OK! 間違ってもin the night（いいんじゃない）だ。譲治はUSAの本場でバスケットしたい一心で、お金を貯め小倉からオクラホマまでの旅に出た。但し何処に滞在するのかと税関で聞かれた英語がわからずフェニックス空港に三時間足止めを食い、海外でプレーをするには先ず英語だと痛感したという。

負けるな生徒たち！ Never give up!! だぜ

第三話　康治三十二歳で大学生になる

ひと昔前、政府が提唱した『生涯教育』という言葉は、最近はあまり耳にしなくなった。世の不況、相次ぐ自然災害、大震災、更には人災としての原発問題、不安定な政治問題など、私たちを取り巻く問題のあまりの重大さと深刻さに、生涯教育の話題は吹き飛ばされてしまったようだ。もっとも、話題になっていた当時、政府の提唱するところと政策は矛盾を孕んでいた。一生学ぶ権利を保障するには、学ぶ環境が整備されるべきだが、その役割を担うべき政府は、生涯教育の大きな受け皿の一つである定時制高校を、統廃合政策により全国的規模で、減少させてきたのである。夜間定時制は単位制定時制高校に統合され姿を消していった。単位制定時制高校はいわばミニ大学であり、年配者にとっては到底通い易い学校ではない。生涯教育の条件整備ということを考えれば、夜間定時制高校の果たす役割は決して小さくない筈なのだが……。

初任校の卒業生の康治から久しぶりに電話があり、相談があると言う。その日の夕方訪ねてきた彼は「子どもが中学校に上がるんよ先生」「ほう、もうそんなんなるんかい」「うん俺も二人の子どもの親っちゃね」「おお大したもんだ」「でもね先生、俺最近思うっちゃ、もっと勉強しとけば良かったっち」「何しおらしい事言いよんかあ。高校ん時あんだけ勉強せいちゅうても聞かんやったやつが…」「そうなんよね、あん時はそんなん全然耳にはいらんやった。勉強なんかせんでも生きていけるっち信じとったけ」「うん、そうやったなあ」「でもね、子どもが小学校に入ってね、最初は良かったけど、学年があがってくると俺宿題見てやれんごとなったんよ」「宿題見てやれんかったら駄目なんか」「そりゃそうよ先生、俺だって、親として子どもに教えてやりたいやん。でも出来ん自分が悔しいっちゃね」「ふうん、そうか、お前今になって後悔しよんやな」「うん、俺遊びほうけんで、もっと勉強しときゃ良かったねえ。そんで大学も行っとけばよかったあ」「ほったらお前、大学に行けばええやないか」「えっ、俺が大学に?」「おう」「今から?」「そう今からでも大学に行け!」「でも俺三十二よ、先生」「大学行くんに年齢なんか関係ない!」「えーっ、そうなん?」「じゃが、行くのに金はかかる。貯えはあるんか?」「うん何とかそれくらいは」「じゃ決まりやな。今から大学でしっかり勉強してこい!お前の人生や!」そんな話になり康治は成り行きで次の年、大学を受験をし、社会人入試で小論文試験に合格、三十二の春を大学生として迎えることになった。彼が入学したのは地元のK大学、中規模校ながら国際学部を持ちアジア共生学科というユニークな教育内容を持つこの大学は、アジア各国からの客員教授が多数教鞭をとり、留学生の多さや言語教育に力を入れるカリキュラムなど、なかなか面白い大学だ。三十過ぎての勉強は、大変だろうとは思ったが、こいつには他人が持たない根性があるから何とかなると思う…多分なるんじゃないかな…なるかも知れない…

康治から電話があったのは半年後、「おう、やす、元気でやっとるかあ」「元気よ~先生、今中国語勉強しよんよ。俺頑張っとんよぉ」という声は弾んでいた。外国語は中国語を登録することが出来た。康治は私が「英語が出来るやつなど掃いて捨てるほどいるぞ。これからは韓国語・中国語、こんな言葉が出来るやつが世の中必要になるんじゃ。どっちかの言葉を取れ」と言った事を忠実に守っていた。中国人の先生の講義を一番前の席で受けているという。入学時に自分で三つのルールを決めた。休まないこと、一番前の席で授業を受けること、必ずノートをとること、だから中国語の講座も休まず一番前の席でノートをとり続けている。すると、段々分かる様になり、授業も面白くなったという。周りの若い子たちはそれをしない、だから出来ないんだと彼は言う。それさえやればわかるようになるという康治は、前期の語学の成績は優を取った。毎時間、最前列でノートをとり続ける康治の勤勉な姿は、すぐに多くの教授の目に留まるようになり、評判になっていた。

そして一年後、中国語講座の研修旅行の時期になり、康治は教授と一緒に中国十日間の旅に出かけた。最初は教授と一緒に回っていたが、四日目が終わると教授が言った。「君は明日から一人で回りなさい。出来るだけ沢山の人と接し、中国語を話しなさい。それが勉強です」康治はちょっと心細かったが、言われた通り旅を続け、買物したり食事をしたりで、最終日教授と合流した。旅の成果を報告すると、教授は「君は私が買った土産物と同じものを私より安く値切って買ってきた。もう十分中国で生活できるだろう。合格です」とお墨付きを渡した。康治は中国語の入門講座で優秀な成績を修め、次年度は中級講座に進み、更に上達を遂げる。次に電話があったのは「先生、俺、交換留学生として一年間中国に行くことになったよお」という出発の知らせだった。中国での康治の生活は、午前中語学の授業を受け、それがすむと午後から街に出かけ街の人たちと喋り交わり過ごす。夕方からは時々日本語学校のアルバイトをして中国人青年達に日本語を教える。彼の中国語は益々上達し、一年後の帰国時には、目を見張る進歩を遂げていた。康治の快進撃は止まるところを知らず、更に次の年には大学の推薦を受け国費留学生として中国の大学院に学んだ。帰国した康治はその堪能な語学力を生かし、仕事を始めた。すべては七年前のことである。彼は小さいながらも日中間で商取引の仕事をしながら、今は高校生となった二人の子の父親である。「勉強しろ！　勉強せんと後で困るぞ！」と子どもには、なかなかにうるさい父親である。「先生、活入れちゃってや！　こいつ大学受験がいかに厳しいかピンときとらんちゃけ」とわが子を連れてきて私に説教させようとするほどの熱心さである。それは彼の昔を知る自分にはおかしくて仕方が無いことだが、康治なりに父親になっていこうとしている過程なのだろうとほほ笑ましく感じる光景ではある。

思うに康治が特別語学の才に長けていたわけではなく、逆に彼が高校時、英語の成績を常に欠点をとっていたからといって語学の才が無かったわけでもなかったろう。彼の学ぼうとする意欲と環境が、三十二歳にして大学入学という形で結実したということだろうと思う。学ぶ意欲に満ちた時、目の前に中国語があった。いや目の前にあったのが韓国語でも英語でも、その時の彼なら砂が水を吸い込むように吸収していったことだろう。教育現場の私たちの仕事は、生徒の啐啄（そったく）の機を逃さず、彼らが学ぶのに必要な手立てをすることにある。だが、その機を見極めきれぬ己の力量の無さを棚上げし、生徒のせいにしてすませている。そんなことが往々にしてありはしないか。康治のような子は沢山いる。それを見逃している私たちの課題というものを、康治の事例が突きつけている。

第四話　沙織ヤンキーを卒業す

定時制が何故好きかと問われれば、その理由は全日制のように進学一辺倒ではなく、でもほんとに勉強する気になれば、定時制から大学でも専門学校でも進学するチャンスはあるし、パートタイムやアルバイトで働きながら通っている子が、卒業を機に新たに正採用の就職につくチャンスも無論ある。中学校から高校へスムーズに進めなかった子がもう一度頑張ろうと決意し入学してくる場合もあれば、小さいながらも会社を構えるおじさんが、果たせなかった高校進学の夢を叶えに来たり、在日二世のハルモニが戦後の歴史の中で奪われた青春を取り戻すために入学してくる場合もある。それが定時制高校、そんな様々な場面に立ち会えるから面白い。だから好きなのかなと思う。もちろんすべての復活戦がうまく行くわけではなく、折角入った定時制でも暴れて消耗して姿を消していく子たちも少なくないのだが、そんな子たちの中から決意を新たに再入学して今度こそ卒業していく子たちも出てくる。回り道ではある。が、無駄な道ではない。その子にとって必要な時間だったかも知れないからである。七転八起（しってんはっき）という言葉がある。「ななころびやおき」とも言われる。失敗しても人間あきらめず何度でも立ち上がることが肝心だということである。打たれて座り込んでも次のゴングが鳴れば立ち上がるための気力と体力をチャージする「コーナーの椅子」のようなものに定時制の教室がなればいいなと思うのである。

入学の時に姿かたちが目立つ沙織という子がいた。見るからにヤンキーで落ち着きのないこの子は当初から、言葉遣いも荒く筆記用具など弱い子から調達し、一切自分で用意しようとしない。授業中も大声を出してはばからず、注意しても何処吹く風、教師を苛立たせる言動が絶えなかった。

入学後の一学期、新入生と我々の闘いは、学校にはルールがあることを彼らに理解させることから始まる。教室では授業を聞かない自由はあっても他人の授業を受ける権利を妨げる自由はないこと。その気があるなら誰でも分かる権利があること。だから、いじめは絶対許さず、差別は教師でも生徒でも許されない、若松高校定時制はそんな所だと、それが先輩たちが作ってきた定時制の財産だと、繰り返し繰り返し生徒たちに伝えるのだ。「沙織、授業中はしゃべるな」「勝手に席をたつな！」「人の話を聞け！」「筆記用具を人に借りるな、自分で持ってこい！」「ノートを人に持たせるな、自分で出しに来い！」傍若無人に振る舞う沙織を自分は本当によく叱った。彼女を何とかしたいというのが四割、折角入ったのに彼女に怯えてやめる子が出ないようにという気持ちが六割くらいだったろう。それでも沙織は登校してきた。続かんだろうという大方の職員の予想を裏切って彼女はやってくるのだった。そして入学して最初の中間考査、英語の採点をして驚いた。沙織はいきなりクラス最高点をとったのだった。「今回の中間テスト、クラス最高得点は沙織！　はい、みんな拍手！」クラス中の驚きと拍手の中で、一番驚いたのは沙織自身だったかも知れない。「あたし、すごいやろう」と威張った顔の表情は上気していた。この子は『考える力』を持っている。極端な低学力が彼女の落ち着きを奪っていると思い込んでいた己の見識の無さを、またまた思い知らされた。彼女との攻防はこれ以降も頻繁に続いた。相変わらず教師の言うことなど聞く耳を持たない彼女の姿があった。

定時制は働きながら学ぶ所である。就業率は学年が上がるに連れ高くなるが、学校全体としてはおよそ半数が仕事をしながら通ってくる。沙織は入学時からお好み焼き屋でアルバイトを続けてきたが、彼女の働きぶりは夏休みに行う職場訪問でわかった。店長は沙織に大きな信頼を置いていた。休まない、責任感が強い、接客応対がいい、学校とは正反対の彼女の顔だったが、これもまた彼女の一面だった。職場訪問をすると予告した時、「来るな！　絶対来るな！」と拒否した彼女だったが、お好み焼き店の席に着いた自分に「先生、何にする？　ワンコインで食べられるセットもあるよ」と言った笑顔はあどけなかった。家庭の事情も次第にわかってきた。両親は離婚し、母親と全日制高校を中退しブラブラしている姉との三人暮らしをしている沙織は、投げやりな母親のネグレクト下、自分の食い扶持は自分で稼いできたのだった。授業料さえアルバイト代で払ってきた沙織の滞納がちな理由はここにあった。

「中学校行って、あたしが定時制に行くって言うたら、生徒指導担当から『お前が続くか』って言われた。あたし悔しくてさ、卒業したら絶対中学校行って『続いたやない』って言って見返してやる！　絶対言ってやる！」そう言って唇をかんだこともあった。

危なげなく進級した二年生の後半、自分が沙織の行動に大声を上げることはほとんどなくなった。彼女と担任、双方が成長したということだろう。

授業中の教師の質問に対する正答率の高さはすべての教科担当が感じる所だった。沙織は考える力を持っていた。そして生きる力も。この子もまた中学での歯車がかみ合わず問題児と見られてきた。〝問題児〟とは、教師に素直ではない子につけて安心する我々の安易なレッテル貼りではないか？　反省の極みである。

「先生、私何になったらいい？」

「お前は看護師になりなさい」

「えっ、何で看護師なん?」

「第一にお前は優しい。第二に患者のわがままを許さない意志の強さがきっといい看護師になることを助ける」

四年になってしばらくして、ある日の英語の授業中、突然大声で自分の席から教壇の担任に進路相談をしかける沙織に、クラスの連中がビックリしている。そして即座に「看護師」と答えて返す担任の進路指導の軽薄さに更に驚愕のどよめきが起きる。だが「看護師になりなさい」という即答は満更思いつきだけでもなかった。彼女が自立し生きていくには資格がいる。そして看護師は最適の仕事ではないかと思ったからだ。それからしばらくの後、彼女の猛勉強が始まった。そして地元医師会の看護学校を受験、しかし、結果は不合格。だが一旦医療や看護の道に目覚めた彼女はあきらめず、リハビリテーションの道を目指した。経済的な問題はあった。入学後は奨学金制度を受けて頑張れる。だが、入学時には高額な金額が必要となり、沙織自身も彼女の家にもそんな金はない。だが、話を聞いた離婚した父親が動いてくれ、祖母がこれを使いなさいと貯金をはたいてくれ、沙織は見事リハビリテーション学校の作業療法学科に合格したが、祖母は合格発表前に亡くなってしまう。定時制高校卒業式の日、沙織は「私は絶対やめたりせんよ。ばあちゃんが出してくれたお金絶対無駄に出きんけ」と誓った。先日電話を入れると「頑張っとるよ~」元気な声が返ってきた。難しい所は自発的に残って勉強していると言う。これだから定時制高校は面白いのだ。

第五話　授業は生もの（一）

予期せぬ面白さというものがある。授業の話である。授業をするにあたっては、料理を作るのと同様、下拵えはするし、見通しも立てる。だが、相手は人間である。食材と違い必ず料理されてくれるとは限らない。時にはこちらが料理されることだって往々にしてある。授業は生ものなのである。

「さて今日は　Lesson　4の本文からやなぁ」と言った瞬間、『あ～あ私、外国行って日本語の教師でもなろうかな…日本語なら教えれるやろ?』と美恵が出鼻をくじいた。

定時制四年生の教室での出来事である。本校の英語のカリキュラムは四年生は四単位、つまり週に四時間の授業が組まれており、ほぼ毎日英語の授業があることになる。英語が苦手な子にとっては、毎日の英語は、担当教師が如何にイケメンだとしてもこれは苦痛に違いない。

授業初っぱなの『あ～あ』は、美恵の苦悩を表した言葉なのだ。

だが、こちらも英語のプロフェッショナル、『あ～あ』とやられて「すみません」と引っ込むようでは教師の看板を降ろさねばならん(いや、もともと看板は上げてはいないのだが…)

「あ～バカもぉん、おまえ、日本語がどんだけ難しいか、知らんなぁ」

『何で?　日本語ちゃんとしゃべれるやん!』

「おまえなぁ、しゃべ**れる**…オホン、いやしゃべ**られる**からちゅうて、教えられるとは限らん、ここが難しいとこや…ええか」『うん』　　　　（※「れる」表現は「られる」の慣用）

「こんなことがあった。昔俺が韓国に行ったときのことや」『ふんふん』
「教え子のお父さんが亡くなってな、故郷の韓国にその遺骨をな、散骨しようってことになってな、ああその子は韓国人で、そもそも何でその子が日本におるかちゅうと、その子のアボジ、つまり父さんが強制連行で日本に連れてこられたわけや」『へーっ』
「その子は在日二世になるんやが、韓国人であることを恥じてずーっと隠して生きてきたけど、あるとき目覚めて、自ら自分の国籍と本名をクラスのみんなの前で名乗っていったわけさ」『すごいね、その子』
「いや、やっぱり大変な決意だったと思うな。踏みつぶされながらも抵抗して生きてきた父ちゃんの歴史を知ったとき、昔は憎んどった父ちゃんの気持ちがわかって、その子はそれから、しゃきっと生き始めたわけよ。父ちゃんが亡くなって、せめて骨だけでも帰りたかった祖国に帰そうという旅に、自分が同行してな、その時の話よ」
『先生、前置き長い！』
「ええやないかい、でな、釜山に船が着いて税関を通らんといかん」『何なん、税関って？』
「他国に入国するとき手続きをする所や」
『絶対そこ通るん？』
「そうや。で、その頃の日本と韓国は、今みたいに簡単に行き来は出来んかった。決して関係が良かったわけじゃなかったんやなぁ」『へーっ、そうなん』
「それでパスポートを出して許可が出るのを待つんやが、税関の人はにこりともせんからこっちは緊張してな…」
『こいつ怪しいと思うたんやない？』「バカもん、この善良な顔のどこが怪しいんちゅうんか！」『全部やん』

「お前、今の発言で平常点なし！」『何なん、もう』

「で、俺のパスポート見ていた係官が、顔をきっとあげて、英語で〝ちょっと質問があります〟と言ったのさ。でこっちも緊張して、〝はい、何でしょう〟と言うと、机の下から問題集みたいなもの取り出して〝「暑いので」と…「暑くて」これはどう違いますか？〟とはにかむような表情で聞くのさ。この人は個人的に日本語を勉強していて、問題集のその問題が分からなかったから、日本人が来てちょうどいいと思って聞いたんだろうな。もうどっと緊張が解けて、ずっこけたけどな」『ほんと〜お？』

「本当くさ、でここからが肝心なとこや。外国に行けば、当然こんなケースはあり得るわけや。しかもこの質問に答えられないと入国も出来んかも知れん」

『それはないやろ。この人、個人的に聞いただけやろ』「まあな、でもこんな質問受けたとき、お前ら、どう答える？ しゃべることは出来ても、何でかということを教えることが出来んと日本語教師にはなれないということさ」『ふ〜んそうなんや。「暑くて」と「暑いので」の違いねぇ…難しいねぇ』

「そうやろう！ 俺なんか直ぐさま答えたぞ」『何ち？』「それはどちらも同じです…と」『何なん、それ』

『それやったら俺だって言えるよ』『あたしもぉ』

「いや、厳密にはちょっとだけ違う。〝暑いので〟の〝ので〟は次の行動の理由づけをする表現で、〝暑いので宿題出来なかった〟というような言い訳の根拠を示す言葉やな。一方、〝暑くて〟の〝くて〟も理由を表す場合もあるけど、一般的には〝暑くてむしむしする〟みたいに、単に同じ状況を並べる場合に用いることが多いので、根拠という観点からはやや弱いと言わざるを得ない」全員『？？？？？？』

「なっ！　理屈をいうと難しいやろう？だからぁ、同じなら同じ、違うなら違うで、ちゃんと理屈をわかった上で説明できんといけんわけさ。理屈わからんでもしゃべられるけど、教えるためには、もう一ついるわけさ」
『なるほどね…』
「ALTのダン先生なんか、びんの数え方、暗記してたぞ。ワンイズ・ポン、トゥイズ・ホン、スリーイズ・ボンってな」
『何それ？』
「びんの数え方や、いっぽん、にほん、さんぼん…数によってホンとボンとポンと三通りに変化するやろう？　お前ら暗記しとるわけやないけど、ちゃんと使い分けられる。〝いっほん〟とか〝にぼん〟とか言わんやろ？　だけど、じゃ何故って聞かれたとき、理屈を説明出来るかぁ？」『う〜ん』
「そこなんや、言葉を学ぶってことはな。何でそうなるんだろうということを、今お前らも勉強しているわけさ、英単語を覚えることも大事やけど、言葉が何でそうなるのってことを考えることが大事なのさ。そうすりゃ英語を使う民族の考え方もわかるよな？　違う文化を知るってのは、そういうことなんよな。しかし、日本語って難しいよな？　こんな難しい日本語しゃべってて何で英語がしゃべれんかなぁ？」『う〜ん』
〈ピンポンパンポン〉チャイムの音
「じゃあ今日はここまで」『やったぁ！』
どんなきっかけからも授業に入る、それがプロフェッショナル！　生徒は今日の授業を英語の授業とは思ってはいまい。うまく授業を回避したと思っているだろう。だが、これこそが授業！　連中は見事に我が術中にはまったのだ。フフフまだまだ！

（生徒たちのひそひそ話）
『先生、この前と同じ話しよったね』
『授業先に進むの阻止した私たちの勝ちやね』
『先生はまだ甘い！』

第六話　授業は生もの(二)

授業の準備は当然すべきだが、予想通りの展開になるとは限らない。だから、授業の指導案はあくまで指針である。

ところが教師の職業病とでも言うか、一旦計画を立てるとそのとおり進めないと気が済まなくなってしまう者がいる。

『先生、何でリンカーンはそう言ったん?』

「ちょっと待ってね、時間がないからね。後で時間が余ったら説明するからね」

(ちぇっ、いつも、ああ言って、結局説明せんのっちゃ…)

この授業の過ちは明らかである。生徒の質問が出たとき「おっ? いいとこに気がついた。何でだと思う? 何でリンカーンはみんなの反対押し切ってまで、そう主張したと思う?」これが正解である。

この授業のねらいはこの生徒の質問により八割方達成されたと言って良い。

文系理系にかかわらず、勉学の基本は「何で?」である。「何で?」が次のステップをより高い段階への学びに誘うのである。学ぶことに興味を失い、意欲をなくしている子たちの好奇心を呼び覚ますために、我々はまさにこの「何で?」を如何に喚起するかに尽力し、あらゆるしかけを駆使して彼らを刺激するのである。質問は授業の宝である。

しかるにこの教師は進むことにこだわる余り、彼らの折角の『芽ばえ』を摘んでしまっている。まったくもってもったいないことである。

またある者は、黒板に板書する予定の言葉をマジックで紙に書いたものをあらかじめ作っておき、セロテープでペタペタ貼っていく。

しゃべりの途中で、要所要所で重要なことを貼っていく分には効果的だろうが、板書する内容の全てを、あらかじめ書いておき、順番に貼っていく。授業が終ると、黒板一面、短冊がすだれのごとく垂れ下がった状態になる。しゃべることを間違えたり、詰まってしまった経験がトラウマになっての方策らしいのだが、授業で教師がしゃべることは、生徒の反応に応じてなされるべきだという基本がすっぽり抜け落ちている点で、これも間違いだろう。授業はパワーポイントを用いた一方的なプレゼンではない。授業は生きもの、相手も生ものなのである。

以前教育評論家の遠藤豊氏が「指導案を作ると授業が駄目になる」と言っていたことがある。指導案が駄目だと言ってるのではない、指導案の通りに進めることに教師が拘泥すると駄目になる、という意味である。

確かにしゃべることを決めていれば安心だろう。しかし、それは原稿を読む政治家の演説と同じで、人の心を打つことはない。授業中なされる生徒たちの質問は前もって予測は出来ない。だから脱線しないよう準備をしておくのだという反論はあるかも知れない。

敢えて言おう。脱線ＯＫ！　我々はどんな展開になってもしっかり受け止め得るよう、常日頃、教材研究をしておくべきなのだと。

くだんのセリフの短冊を作る教師は、教材研究と称し、毎日、朝からせっせと紙を切り続けていると言う。だが、その日の授業のために何かを作るのは教材研究とは言わない。それは授業の下拵え、準備である。教材研究とは日々の研鑽である。生徒たちがどんな疑問を持ってもそれを真っ向から受け止めることが出来るよう、日々、自分を豊かにして、自分のポケットを沢山のもので一杯にしておく努力である。

「何でなん？」という彼らの疑問に対し「いや、実はな、こんな話があるんや！」と未知の世界に引き込めればこっちのものだ。彼らの『？』に対する我々の「！」である。双方のせめぎ合いである。勝ったり負けたりの勝負である。往々にして負けるのだけれど、やり甲斐のある勝負だと思う。

「はーいエブリバディ、今日はレッスン3 How to Cure a Cold 風邪の治し方という単元だぞぉ。風邪と書いて（かぜ）これ（ふうじゃ）と読んだやつおらんかぁ？ あっ！ やっぱりおったね。読みたくなるわな。いや実は私も以前そう読んだことがあって笑われた。でもな、昔（ふうじゃ）と読んだ時代があったと言うぞ。何でも中国医学から来た言葉らしい。満更間違いでもなかったわけよな……」

『先生どやがおしよるね』

「ん？ どやがおって何だ？」

『どうや知っとるかっちゅう自慢げな顔のことよ』

「いやあ、そりゃ知らんかったな。そんな言葉があるんかい、じゃあそれ期末に出すぞ！」

『何なんそれ、訳分からん』

「そこで教科書の十七ページ、薬びんの挿絵に USAGE と DOSAGE とあるな。これ何や？」

『？？』

「薬びんとくりゃラベルに書いてあるんは何や？」

『何に効くかとか、どんくらい飲めとか、そんなんやない?』

「ザッツィット! その通り。効能とか用法とか書いてあるよな。お前らなかなかラベルが高いぞ」

『レベルやろ!』

「そうとも言う。ところで sore throat , fever ,headache , coughing はい、これらの単語に合う日本語は何や? 語群から捜してみる。はい始め」

「ところで効能を書いたラベルの一番最初のこの単語 relief って何だ?」

『???』

「野球でも使うぞぉ、この単語」

『???』

「さあここで○○投手、何とかに向かいますってな」

『リリーフ?』

「オチャー、ザッツィット! そうやな、あれって何の意味?」

『交代とか救援とか、そんなんやない?』

「ザッツィット!」

『そればっか!』

「野球の試合では、結果的に交代することになるんやが、救援という意味やな。何かを助けるというのがもともとの意味なんよな。じゃぁさ、風邪のとき助けるというのは、どういう意味?」

『軽くなるんやない？ 治らんけどとか、ちょっと一歩引き気味な感じで…』

「グウウウッド！ ベリグ！ その通り。実は風邪を治す薬はない。症状を軽くして自然治癒力を高めるしかないんよな。だから、治すなどと書いたら誇大標示になるわけで製薬会社は訴えられて敗訴する。そうならんように救う表現が relief なんだな。はいじゃあ、この単語、日本語にすれば一番ぴったりの表現をラベルの中から捜す。はい始め！」

『これやない？ 読めんけど…「何とかわ」っていうこれやない？』

「正解、それは〃かんわ〃って言うんだ。和らげるっていう意味よな。これが製薬会社を倒産から救う言葉なんや。ええか、覚えとくんぞ、大事な言葉やからな。はい、次回はじゃあ用法・用量はどう表記されているかということからやるぞ。それまでみんなふうじゃをひかんように。はい、So much for today. 今日はここまで」

第七話　修学旅行秘話

今日若松定時制三年の子達が修学旅行に出発した。新北九州空港から東京に飛び、二泊三日の旅である。教師をやってる以上、在職中、何度か修学旅行の引率を経験することになるわけだが、定時制での二回の修学旅行は自分にとって本当に記憶に残る旅となった。

全日制では行くのが当たり前の教育活動である修学旅行、しかし、定時制ではそうではない。半数以上の生徒が仕事を持っていて、仕事に就いていれば休みを取るのはままならず、その多くがサービス業であり、シフト制で動いている。前もって申し込めば取れることになっている有給だが、従業員が少なければ取れないこともよくある話だ。歓迎遠足やバスハイクにも直前で行けなくなることだってある。ましてや修学旅行ともなれば、休みは長期にわたるわけで、雇用主の理解がないと取りにくい事は言うまでもない。更に修学旅行の費用は高額で、入学以降、積み立てをしてるとは言え、負担は小さくない。諸々の事情を考えれば、みんなで行きたいのは山々なれど、行けない子も出てくるのは仕方のない事情である。更には団体行動が苦手な子もいる。中学時、集団行動が苦手で不登校だった子が、自分のペースで過ごせる定時制に自分の居場所を見つけたというケースも多々ある。行くことを無理強いは出来ない。そんな諸々の状況の中、クラス担任は、みんなで行こうと投げかけ、雰囲気を作り、クラスを盛り上げ、修学旅行実現に向けて、取り組むのだ。全日制にはない苦労がそこにはある。

三年前、我がクラス三―一も修学旅行について熱い議論が飛び交っていた。本当に色々あったけど、仲のいいクラスであった。修学旅行に行くことの合意はあった。問題はその時期だった。通常は卒業学年の四年で行くのが修学旅行。だが、我がクラスは三年で行くか四年で行くかの選択を迫られていた。何故ならクラスには三年で卒業する四人の子たちがいた。通常、定時制は四年なのだが、通信制に通い、四年分の単位を三年間で取って卒業する「三年修業生」と呼ばれる子達がいる。三年で卒業するので、彼らのことを考えれば三年で行くしかない。だが、積み立て金は三年間より四年間の方が大きいに決まっている。四年で行くほうがより豪華な内容で行くことができる。内容を取るのか三年の四人と共に行くのを取るのかという問題があった。

そんなある日、クラス委員長のはるかが「先生、ホームルームで話したいことがあるので、終礼の時、時間下さい」と思いつめた顔で言ってきた。

「ああ、いいよ」と言って何を話すんだと思っていたら、終礼の教室で教壇に立ち

「みんな修学旅行に行きたいと思いませんか？　行きたい人は手を挙げて下さい」

するると大半の子が手を挙げた。

「以上、修学旅行に行くことに決定しました。先生どうですか？」とはるかに詰め寄られて

「どうですかって、何が？」と問い返すと

「修学旅行に行くことです」と腰の刀を抜きかねない彼女の険しい表情。

「うん、いいんでないかい」と言うと、瞬間ポカンとした表情を浮かべた。どうやら、学校は修学旅行を許可しないのではないかと勘違いしていた様子である。

「心配するな。修学旅行、前から行くち決めとったやんか。後は時期の問題や」と言うと彼女はほっとした表情

に変わった。

ホームルーム、三年修業生の彼らの四人中三人が行きたいと言った。議論の余地は無かった。三年で行くことに即決した。目的地はアンケートの結果、関西に決定、USJ大阪と京都を巡る二泊三日の旅、予算は四万五千円から五万円。えっ？　本当にそれで行けるのという金額だが、人間やってみれば何とかなるもんだ。これだと積立金で小遣いも多少出るくらいの余裕も生まれる。

当日夕方、小倉駅に集合、シャトルバスにて新門司港へ、いよいよワクワクドキドキの修学旅行の始まりである。フェリーは夜八時に出港、フェリーは初めてという子が多い中、皆はしゃいでいる。頼むからはしゃぎすぎて甲板から落ちるなよと祈る。

二段ベッドが並ぶ客室、あちこちで話し声が聞こえている。病弱でほとんど学校に行けず思春期を病院で過ごし、二十六歳で入学を果たした徳田さんも、酒の勢いで入学した鶴我さんもまさに青春の修学旅行が今始まったのだ。今日は眠れまい。眠れる筈がなかった。

フェリーは早朝大阪南港に着き、USJ直行の船で入場、一日を過ごし、たっぷり楽しんだその日は大阪梅田のホテル泊、夕方から班毎の自由行動で夕食も班行動。彼らが夜の大阪に消えていって三時間後、トラブルもなく門限の時刻になり、彼らは次々とホテルに姿を現した。旅の疲れでバタンキューかと思いきや、消灯直前、職員の部屋をノックする音がした。何事かとドアを開けると、「先生、ちょっといい？」と陽一郎の顔がのぞく。彼は故郷若松を離れ、私学の寄宿生となり、高校レスリングの有望選手として将来を嘱望される国体候補生だったが、歯車が狂い留年を余儀なくされ、二年目に退学勧告を受け、故郷に帰ってきた。家業の造園業を手伝いながら毎日を過ごしていたが、何となく空虚な気持が拭えず悶々としていたところに、定時制募集の広告を目にし、入学試験を受けて入ってきたものだ。他の子より年をくってるという意識からか、最初は斜に構えたところがあり、バイク事故を起こしたり、休みが多かったり、色々あった子だが、ここ三年ですっかり見違えた子である。そんな陽一郎が何ということもなく「話したくなったから・・・」とやってきて色々世間話をしていると、「コンコン」とまたノックの音がする。真面目であるが故、中学時馬鹿にされたりいじめられたりしてきた直樹が「あっ、いいですか?」と戸惑い気味に言って入ってきた。「おう、ええぞ。どしたん?」「いえ、ちょっと話したいと思って」と言って座って話に加わった。「コンコン」「ホイ入れ」今度は「あっ、やっぱりここやん」とかおりと委員長のはるかが入ってきて陣取る。またしばらくすると、いきなりドアが開き「あっお前ら、こす～」と竜也。次から次に入ってくる生徒で、部屋は床下からベッドの上まで満杯になった。ドアを開けて中をのぞき、入るのをあきらめてまた閉める子も出てきたり、それを見て「交代や」と言いながら自分が出て行く子さえいる。そして一旦誰かが自分のことを話し出すと、黙ってその子の話を聴いている。中学時のいじめから引き続き、他校に行った子から恐喝や暴力を受けていた直樹が語り終えると「今度何かあったら俺に言うんばい。俺が片つけちゃるけ」とかつて手がつけられない暴れん坊だった竜也が励ます。（ああこいつらええ子達や）心底そう思う。今晩も眠れず修学旅行の夜は更けていく。

第八話　忍者飼鶴丸《かいつるまる》参上

　リンナイクラスが修学旅行に行って数年後、若松定時制三年の子達が修学旅行から帰ってきた。皆一様に、いい表情を浮かべて。旅は様々である。家族で行く旅行もある。友人同士で行く旅も。恋人と行くこともあれば、一人傷心の旅もあろう。だが、修学旅行は学生の時のただ一度だけのものであるという点で、他の旅とは異なると言える。同じ学校で留年して二回行けば話は別だが、現実的には一回きりのものである。しかも一緒にいるだけで楽しい、学生のときのピュアな人間関係の中で行く旅行だけに、その旅の楽しさは別格である。定時制の修学旅行も同じである。年齢が違え、境遇が違え、クラスメイトと行くことの喜びは一生の宝となって記憶に残っていく。訪れる地で体験する様々な発見もさることながら、一緒に行くという行為そのものの体験こそが、かけがえのない宝なのである。だからこそ、担任は一人でも多くの子達を連れて行くべく努力する。仕事を持つ子が行きやすい日程で、団体行動が苦手な子がナーバスにならないような条件で、何とか出来るだけ沢山の子が行けるように工夫をする。行くのが当然の全日制とは異なる苦労がここには存在する。だから修学旅行に行くということは、一つの大きな取り組みなのである。毎年行けるわけではないどころか、何年も行っていない学校だってある。行くことまでこぎつければ、目的地は大した問題ではない。或る学校は別府温泉三日間の旅に出た。修学旅行なのに年寄りくさいと言った人間もいた。いいのである。みんなで行ければ温泉もまたよしではないか。

今年、若松高校定時制が修学旅行にこぎつけるまでの話に遡ろう。このクラスの担任は飼鶴丸聡（かいつるまる さとし）先生。彼は体育教師になる前は、芸能界にいた。いや、恵まれた体躯と並外れた運動能力を兼ね備えた彼は、中学高校とフィールド競技、とりわけ投擲ではインターハイを始め数々の試合に記録を残している。体育大学に進んだ彼が卒業後に取った進路は、数々のアクションスターやスタントマンを輩出してきたJAC受験、難関を見事突破し第一期生試験に合格、芸能界に足を踏み入れた彼はスタントマンの草分け俳優である宍戸大全に師事し、殺陣の世界に魅了される。時代劇のアクションシーンのスタントや悪役を演じたりしているうちに忍者の道を究めていくようになる。その一方でシュートのリングにも上がるようになり、中国拳法との出会いも経て、本格的なスタントが出来る忍者飼鶴丸が誕生したというわけである。格闘家・スタントマン・役者など多彩な彼の経歴は、家の事情で三十歳にして帰郷するまで続くが、以降は体育教師として中学校や高校が活躍の舞台となった。熱く、どこまでも熱い情熱は、教育現場で発揮されることとなる。どんな悪そう坊主達も見捨てることなく、とことんつき合い育てていくのが彼の教育スタイルである。彼はクラスの生徒たちに、この学校に来て良かった、このクラスで良かったという思いを持たせたかった。だから、遠足やクラスマッチ、あらゆる機会を成長の場として位置づけ、その一環としての修学旅行の取り組みに大きな意味を見出していたのだった。

修学旅行の舞台は東京であった。ディズニーランドと班活動で行う東京の散策、スカイツリーにも行った。自由行動は班活動とはいえ、初めての地での活動に不安な要素もあった。だが、飼鶴丸担任はあえてその不安を乗り越えての活動を体験させたかった。都会に行くのは初めて、いや飛行機に乗ることさえ初体験の子達がいた。出発の朝、私が新北九州空港に見送りに行くと、やたら元気そうな女子たちと、いつもより口数が少なくなっている男子たちがロビーにいた。空手有段者のバリバリの兄ちゃんとは似ても似つかぬ、人が良くて優しすぎる、だからいじめられやすく流されやすい正が座っていた。

「正、飛行機の中ではな、フライトアテンダントのお姉さんがパラシュートのつけ方を教えてくれるから、よお聞いとくんぞ。聞いとかんと、いざと言う時わからんけな、ええか！」と私がいじると「マジっすか？」と彼の顔が青ざめた。周りの友人達はニヤニヤしている。スマホでメールに夢中の女子たちに「お前たち、東京に行ったら可愛い子は狙われるんだから、気をつけなぞ」「ハアイ！」

「んー、でも、その心配はないか」「えーっ、ひどーい」など、たわいもない会話をしているうちに瞬く間に出発の時刻となり、三年一組飼鶴丸クラスの彼らはゲートの向こうに消えていった。

旅は楽しかったようだ。懸念された集合時間も守られた。何故懸念されたかと言えば、帰郷は自由行動の日の夕刻だった。何かが起きて集合の時刻に遅れても飛行機は待ってくれない。確かに冒険ではあった。でも担任は失敗を恐れて旅行の工程を無難なものにはしたくなかったのだ。ほとんどの子が初めての東京、大都会での自由行動は彼らにとっては大きな体験に違いない。やり遂げれば、自分たちの力でやれたという大きな自信にもなるだろう。担任は折角の修学旅行だからそれを体験させたかったのだ。彼らを信頼すればこそだったろう。

実際、大都会の人ごみは彼らを飲み込み、地下道を歩くだけでも人にぶつかりそうになったり迷ったりで、戸惑いも大きかった。AKB 大好きな昭男はあれほどメンバーに会いたいとアキバに行くのを楽しみにしていたのに、実際秋葉原に行くと気押されて行けなかった。有名なお台場も、行ってみるとテレビで見る印象とは違って時間を持て余した。それぞれ齟齬は生じたけれど、彼らは時間通りに無事集合地点に姿を見せ、担任の信頼に応えた。修学旅行は大成功に終わり、次に繋がるものとなった。

三年修業生の明美は答辞でこんな言葉を残している。

「定時制の生活は、仕事をやっと終えてきついのに、疲れた足で坂道を登り、辛くていやだなあとか、昼間は仕事で勉強する時間が取れないので、授業が一発勝負であることや、また通信制の学校に通っていたので日曜日にも電車を乗り継いで通わなければならなかったことなど、正直何で自分はこんなに頑張らないといけんのと思ったこともありました。でも定時制に来たことで、沢山の友達が出来ました。親身になってくれる先生達にも出会いました。夕方美味しい給食が私たちを待っていました。楽しい学校行事が沢山ありました。昼間働くことで、様々なことを学びました。そして一番心に残っている思い出は修学旅行に行ったことです。ディズニーランド、お台場、スカイツリーに行ってすごく楽しかったです。こうして答辞を読んでいると次々と目の前に浮かびます…」

定時制生活の思い出を抱いてこうしてまた一人、社会に飛び立っていく。大人社会には楽しいことばかりはなく、むしろ辛いこと苦しいことが沢山あるだろう。でも定時制で頑張ったという記憶は彼ら彼女らの財産となって、きっと頑張れるエネルギーとなる筈なのだ。

第九話　このうどんはいつ狐になる？

「…だから言葉ってやつは人間がしゃべる限り、変化していくわけでな、鎌倉時代や江戸時代の人間の言葉をそのまま今しゃべっているわけじゃないだろ？」「うん」「だから言葉が変わっていくのは自然の理ってことだ」「えっ？ことわってからしか使えんの？」「いやいや、そのことわりじゃなく、そういうもんだってことだ…しょうがないなぁ、つい教養があふれて難しい言葉使ってしまうもんなぁ…」「何ひとりでぶつぶつ言いよん先生」「だけどな変わるのが言葉って言っても、どうしても納得できん、許せんっていう変わり方もある」「例えば？」「うん、あのなレストランに行くとしよう」「あんまし行かんけどね、高いけ」「いや仮に、行くとせいや」「うん」「キツネうどんを頼むとする」「肉うどんの方がええな」「いや、キツネにしろよ」「どうしても？」「おう、今回だけキツネうどんにしてくれ」「ええよ」「注文してしばらくして店員の人が持ってきて『お待たせしました。こちら、キツネになります』って言うからへっ？　とびっくりしたね私は」「何で？」「いやキツネになるんだぞうどんが！どうやってなるんか興味がわかんか？」「キツネってキツネうどんのことやろ？」「いや、でもキツネになるって言うから、どうやってなるんやろうかと思うやろ普通」「もう先生！」「いや、だからな、そもそも『キツネになります』っていう日本語がおかしいのさ。『キツネうどんでございます』って言うべきなのさ。『キツネになります』っていう表現はキツネうどんを注文したのにこれが？　って疑問が生じた時に（不本意でしょうが、キツネうどんは当店ではこのうどんのことです。こちらになります）という意味合いで使う言葉で、通常の注文・受け渡しで使うにはそぐわないのさ」「へぇ～そんなものなん」「もっとおかしいのは、オーダーを繰り返して『ニコニコランチ、スープ・ドリンクバー付セットお一人様でよろしかったでしょうか？』これは一体何だよ？『…よろしいでしょうか？』だろ？　何で過去形になるんだ、おかしいだろう？　初めて行った店なのに！　いつも行ってる店の常連でこの前もその前もニコニコランチ、スープ・ドリンクバー付お一人様セットだったから、きっと今日もそうだろうから、これで良かったでしょうか？　って聞きたいときの表現だろう過去形は！」「先生、そんな事言ってると誰からも相手にされんようになるよ」「いいんだ誰も相手にせんでも！　俺は地球上最後の一人になっても、言葉の命を守ってやな…」「何、さっきは言葉は変わっていくもんだとか何とか言っとったくせに」「いや、あの、それはその、ケースバイケースというか、いやつまり言葉の特性というか、流動性なるものがやな、外的因子によって…」「ハイ、苦しくなったからといって、やたら難しい言葉で説明すればいいってものじゃなぁい！」「うん、いやあのその…じゃ今日は五七ページから行くぞ(汗)」

こうして今日も授業が始まっていく。英語は難しい。だが、外国人と話が通じたら面白いぜというスタンスで英語の教師をやっている。いや英語に限らず、人は本来他人と意志の疎通が出来たら楽しいもんだと信じてるからである。しかし今の世の中は、それに反して難解な表現が増加し続け、人は人に面と向かうことなく、携帯の画面に向かい続けている。言葉は変わっていくもんだ。だが人には変わってはいけないものがある。今の風潮、こんなんで、よろしかったでしょうか？

第一〇話　忍者の進路指導

第八話で登場した飼鶴丸(かいつるまる)クラスの話である。彼らは今四年生、卒業を控え進路選択の真っ只中にある。遡って九月、進学・就職の戦いの火蓋が切って落とされた初っ端、生徒会長で頑張ってきた正男が溶鉱炉を扱う大手エンジニア部門の会社を受験、見事に合格を果たした。快挙である。敢えて付け加えたいが、働きながら学んできた定時制の子らが、全日制の子たちと同じ土俵で競うのは、かなり困難である。基礎学力も違う、勉強する時間も保障されにくい、経済的な問題もある。そんな環境で勝ち得た合格である。我々としては嬉しい限りである。面接の練習もした。付け焼刃の礼儀は不要だ。その子の一番いい所が出るようにと願う。折角準備しても、あがってしまって、何もアピール出来ないまま終ることもある。そんな事がないようにと願って、練習を重ねる。声の大小ではない、相手に自分のことをわかってもらえるよう、精一杯訴えよう！　という思いでやるのだ。正男の場合は、不器用だけど誠実な所が通じたのだと思った。

そしてそれを皮切りに明美と鈴子がビジネス専門学校に合格、博と達男が調理専門学校、慶次が保育短大と次々に合格、裕一は就職の合同面談会で受験し一次を突破、何と二次試験にも合格し内定をとった。更に和樹は公立大学を社会人入試枠で受験し難関を突破するという偉業を達成、誰かが「しんがく(進学)の巨人」と言った。更に更に大樹と義男がシステムキッチン等の組み立てをやる企業に二人そろって合格、破竹の快進撃である。残るは二名、卒業までには決めると決意している。合格自体も素晴らしいことなのだが、注目したいのはそのプロセスである。進路指導と一口に言うが、就職を希望する子には求人票をめくらせ「条件がいいのがあったら受けろ」、進学希望なら「偏差値から行けばここしか入れんから、ここを受けろ」というだけの指導になってはいないか。「定時制の子たちは卒業させるだけで手一杯だ」などという言葉も聞こえてくる。

確かに入学しても中途で退学・進路変更していく子は多い。「定時制は入学は易く卒業は難い」と言われる所以である。が、卒業までたどり着いた子たちに同じことを言ってすませて、それで責任を果たせるのだろうかと思うのである。進学するにしても就職にしても定時制から進むには困難な要素がある。それは事実である。就職に関しては求人さえ殆どない。だが、それで仕方がないとすませるならば、教師はいらない。方法はある筈だ。求人がないなら取ってくるだけの気概が必要だ。

飼鶴丸担任は生徒たちと、とことん話をしてきた。いや世間話なら教師であればするだろうが、生徒と本当に話をするというのは、その子の一番本音のところで話をするということである。生活の土台を含めて話をするということである。かつて同和教育推進教員の間では「部落の子と部落問題抜きの話をしても、或いは在日の子と国籍の問題抜きに話しても、本当に話したことにはなるまい。その子が一番根底でひっかかってる問題を避けては、何の解決にもならん」と言われてきた。

同じことが定時制の子たちにも言えよう。生活の重さに倒されそうになりながら通ってくる彼らと話すということは、そんな問題をふまえて話すということ。だから飼鶴丸担任は定時制の子たちと生活のことをとことん話すのだ。彼らと話すということはそういうことなのだ。進路は一生の問題だといわれる。だから一体何をしたいのか、何になりたいのか、そのためにはどうしたらいいのかを、じっくり話してつきつめる。求人票をめくるのは最後の最後だ。進学先を決めるのも最後の最後だ。先ずどう生きるかをとことん話したいのだ。そんな地道な積み重ねが今回の快進撃の原動力になっているように思える。

進路指導部も頑張っている。生徒・担任・進路指導部の三者ががっちりかみ合わないとうまくはいかない。進路未定のまま送り出してしまった昨年の反省に立って、今年はフル稼働している。そうして一つひとつ取り組みを重ねていくことが、来年にもつながると信じているのだ。

ある日の面接練習の場面である。

担任「義男、いいぞぉ、お前の真面目さが相手に伝われば大丈夫だ。少々いい間違えても心配せんでいい。ふざけて、黙ってるわけじゃないので、落ちついてゆっくり自分の言葉で言えば大丈夫だぞ。頑張れ！」

教頭「昨日から今日ですごく良くなってるよ。自分で伝えようと工夫してきてるのが感じられます。その調子で本番に臨めば絶対大丈夫だよ」

進路担当「覚えたことを言うんじゃなく、自分の気持を伝えようと思ったらいい。ということは言い方は一つじゃなく、違う言い方でもいいということや。だから、その時浮かんだ自分の言葉で伝えればOKだ」

ここでは「こうしなさい」とか「これはしてはいけない」という命令と禁止の指導はしない。「それ、よく伝わる」「それ!それがいい」という、その子のいいとこを引き出そうというコンセンサスが面接スタッフにある。飼鶴丸クラスの子たちの栄養はビタミン愛である。

第一一話　進撃の卒業生たち

前回でお知らせしたように、今年は卒業予定の生徒たちの進路については朗報が続き、私たち職員にとっては本当に嬉しい春となった。だが、進路の朗報は、卒業予定者だけに留まらず、既卒の子たちからも寄せられた。私のクラスの卒業生明男が調理専門学校の調理師科二年コースを終え、調理師として就職するという快挙があった。明男は中学時、大人しく、いじめられっ子だった。中学卒業後、一旦社会に出て働いていたが、もう一度頑張ろうと高校進学を決意し定時制に入学してきた。誠実な人柄は困っている妙子の支えになって、「守護神」というニックネームがついた。明男は入学する前から鰻料理店で働いていた。接客ではない。台所で鰻を調理する仕事だ。来る日も来る日も鰻をさばいていた。「何か美味しそうな仕事やな?」と食い意地のはった私が言うと、「いやあ、とんでもないですよ。注文の多い日には、もう鰻を見るのもいやになりますよ」「そっかぁ、俺なんか土用の丑の日と聞けば、鰻の美味そうなイメージがパッと浮かぶけど、調理するほうは大変なんやなぁ」「シーズン中は朝から一日、ずーっと鰻をさばき続けます。もう、鰻を投げつけたくなりますよ」と笑う。

しかし、彼はもともと料理が好きな子である。音を上げることなく、そこで四年間働き続け、卒業時には調理師を目指して専門学校に進学した。入学に必要なお金は自分で蓄えていた。無駄使いせず、四年間の仕事で二〇〇万円を越える貯金があった。家から通っていたとは言え、なかなか出来ることではない。その頑張りには頭が下がる。調理専門学校に入学して一年後、生徒の作品発表会に招かれた。会場にずらりと並んだ全生徒の作品は色とりどりで美しく、一つ一つが意匠を凝らして圧巻である。二年コースの部の作品群の中に昭男の作品を見つけた時は心が躍った。こんな作品が作れるようになったんだ。ここまで立派になったんだと思えば、入学してきた頃の、いじめられっ子の明男の顔が浮かんできて感無量だった。それから更に一年後の昨年、彼は厚生年金病院への就職を果たした。本気でやれば出来るんだという証を、定時制高校の後輩に示してくれたのだ。前述の飼鶴丸クラスで調理専門学校に進学した博と達男はまさに明男の後に続いている。

昨年は既卒生のそんな「いい話」に喜んだが、何と今年も既卒生の「すごくいい話」が聞こえてきた。以前書いた沙織の話である。リハビリ専門学校に入学は出来たが、入学時の一括納入金が危ぶまれた子だったが、別れた父親の母親である沙織のばあちゃんが、使いなさいと貯金をはたいてくれて入学することが出来た。が、入学式を前にばあちゃんは急死した。「私は絶対やめんで頑張るよ。ばあちゃんが残してくれたお金を無駄にはできんもん」卒業式の日に残したその言葉の通り、沙織はすごい頑張りを見せた。定時制高校時代、昼間はお好み焼き屋で働き、授業料は自分で稼ぐ子だったが、専門学校に進学してからも、土日に同じ店で働いていたことを後で知った。入学した年、何度か専門学校に電話して様子を聞いたことがあったが、わからない時は自発的に残って勉強していると担当教官から聞いた。二年目から実習を伴う専門的な学習に入るが彼女は頑張った。そうして三年間の修業後、遠賀にある病院への就職が内定した。後は最大の難関である国家試験を残すのみとなった。

「どうや？」「うん、先生もう必死よ私。試験に受からんと全部ぶっ飛ぶけね」と言う受話器の声は、明るかった。そして、二週間後、電話がかかってきた。「せんせぇい、やったあ！　やったよお！　受かったよぉ私！」「おう、そうかあ　やったなあ！　※月収四〇万の生活が始まるなあ！」「ハハハ、いやあ最初は半分くらいよぉ」「おう、そうやなあ」「でも三年間長かったあ、本当に長かったぁ」「そうやろうなあ、頑張ったけなあ三年間……でも良かったなあ、ばあちゃんも喜んどるぞ、きっと！」「うん！」
（※註　彼女は進路決定の過程で作業療法士の初任給を誰からの情報か、大きく勘違いしていた時期がある。そして、それが彼女のモティベーションを大きく形作っていたことは事実である（笑））

そして実はこの年、沙織と同じく作業療法士を目指して同じ学校に入学を果たした信男がいた。彼の動機は障害をもつ弟の介護をしたいということだったが、沙織と競い合うように頑張り、この子も門司の病院への就職が内定し、その後の国家試験も合格した。大丈夫だろうかと送り出した子たちの進学先や就職先に、様子を知るために電話したり、時には見にいったりもする。行けば既にやめていて愕然としたり、元気で頑張っていて胸をなでおろしたりする。家庭問題にうち倒されたり、経済状態であきらめたりは定時制の子達の常である。そうして数々の難関を乗り越えて進学した子達が卒業にこぎつけ就職していく姿を見ることほど嬉しいことはない。それは定時制の職員の共通の思いである。始礼（定時制は朝礼ではなく昼なのでこう呼ぶ）時、卒業生の報告をすることがある。不幸な報告ではなく、「沙織と信男が卒業を迎え就職が内定しました」と報告すれば「おお」と拍手が起きるのも、定時制の始礼ならではの光景であろう。卒業生の頑張りは在校生が勇気づけられるだけではない。何より我々定時制の職員が一番勇気づけられているのである。

第一二話　サバイバルキャンプ、生き残ったのは・・・

定時制高校が生涯学習の受け皿の役目を担ってきたという歴史は動かし難い事実である。がしかし、ここんとこ、入学生の年齢層に変化が起きているように思える。かつては十代はもちろん、二十代、三十代、四十代、五十代、そして六十代、今までの記録では七十代で卒業された方もいた。若い年齢の子たちにとって、教室に自分の兄や姉、母親や父親のような同級生がいることは、実はかけがえのない財産である。教室という限られた空間にいながら、先人の知恵を直に学べる機会でもあるからである。世の中には知識だけではない、長い人生を一歩一歩歩くことで培われる人間力というものが必要とされることも少なくない。それは色んな年代の人間で構成される集団が共に生活する中で、学び身に着けていくものであろう。年長者は若きに伝え、若きは年長者には出来ない仕事を担い、また更に若き集団に伝えていく。近年、人間のコミュニケーション能力の欠乏がたびたび問題とされるが、それは本来、こういった様々な年齢の人間集団の中で培われるものであろう。古代、真理を説く賢者の樹の下には、同じ歳の人間のみが集っていたわけではない。様々な年代の人間が集い耳を傾けていたのだ。

前任校での話である。全校生徒で秋月にキャンプに行ったことがある。班編成は自由に、気の合う者同士でもOKとしたが、必然年齢の近い者同士での班が多かった。初日、テントをはり食事の用意の時間となったが、多くの班の中で、きわだって目立った班があった。この班は、何事にも手際がいいのである。

「青春学校」という名の在日のハルモニたちの識字学級から、どうしても学校で学びたくて六十四歳で定時制高校に入学を果たした在日二世のチャンさんを筆頭に、一度商業高校を卒業したが、子どもが独立し自由になった時間で、もう一度学びたくて五十を過ぎて入学してきた鍋田さん、お連れ合いに先立たれ男手一つで子ども二人を育てている石工の鉄っつぁんこと四十代森田さんに、ファミリーレストランのウエートレスをしている三十代現役ばりばりの石川さん、いじめに遭い中学時代はほとんど不登校で定時制に入ってきた伸也十七歳という、十代から六十代までバランスよくそろったこの班は、言わばそれぞれの分野のエキスパート集団で、テント張りから燃料にする薪集め、食材の調達から火おこし、調理に到るまでよどみなく、あっという間に食事の準備を終えたのである。

他の班もそれぞれに準備を終え、食事にこぎ着けるのであるが、五人全員が十代の、全日制高校を中退してきた和樹を班長とするヤンキー班は、前日の食料品買い出しの際、めんどくさいからとカップ麺やポテトチップス、えびせんのみを袋いっぱい買ってきた。テントを張るのはめんどうくさいと省略し、誰が何をするでもなく暑い日なたに座り込む。手軽な筈のカップ麺だったが、湯がなければ食べられない。和樹がリーダーシップを取るでもなく、誰も積極的に動こうとせず、薪もなければ火もおこせない。他の班が次々に「いただきまあす」の声を響かせる中で、暑い日なたにふてくされて座り込むだけの若者たちを見かねて、チャンさんたちの班がおすそ分けをしていたが、生活力とは何か、生命力とはということを、考えさせられる場面であった。引率の私たちは思った。山で遭難した時、生き残るのは一番高齢集団の張さんたちであり、いたずらに右往左往し破滅への道を急ぐのはめんどくさがりの、この和樹のグループであると。

本来はこの若者たちも集団の中で生活の中で、人が生きる上で大切な、色んなことを学ぶべきであったろう。

だが、現代、生きる術を学ぶその貴重な場は、なかなかないと言わざるを得ない。不幸なことである。だから、少なくとも色んな年代の人が集う定時制の場は貴重だと思うし、近年、年配者の入学が少なくなりつつあり、定時制の良さが失われつつある兆候に懸念を抱くのである。

同じ年齢集団を切り取り一つの教室にまとめたのが小中学校、全日制高校の今のありようだが、教育現場に様々な問題が吹き出し教育システムを色々いじってみてもなかなか有効な解決策が見いだせないのなら、いっそ定時制で目指してきたこと、つまり様々な年齢構成による集団編成、小学校で取り組まれている縦割り活動のような編成や、思い切った少人数のクラス編成など、色々試してみる価値はあるのではないかと思う。政治の場では「国家」と言う言葉が法案を強行に通過させる際の「錦の御旗」として用いられることが往々にしてあるが、国家を構成するのは人間であり、担っていくのは若者たちである。若者たちが育つことなく国家は成り立たない。教育が国家百年の大計であるべき所以である。教育内容をエコにしてはいけない。エコを図るべきは、無駄な機構と固定観念である。

第一三話　人として一流であること

「気配り」「目配り」という言葉がある。「周囲に注意して、物事がうまく行くように取り計らいなさい」という先人の教えである。いや、話はほかでもない自分の行きつけのうどん屋さんと回転寿司のお店の話である。

先ずうどん屋さんの方から。この店はコシのある麺とコクのある出汁のバランスの上に、肉や天婦羅などの具が程よく賑わい、丼の中に味のハーモニーを奏でて、うどん好きの期待を決して裏切らないといった店なのであるが、結果、いつ行っても客が絶えない大変繁盛している店である。店内は広く当然昼飯時など、沢山の客でごった返している。調理方は店主でその他スタッフが四人、注文の品を手際よく作り、スタッフがそれを客のテーブルに運んで店はまわっていく。繁盛している店の普通の光景だが、他の店と違う点がひとつある。客は駐車場から店に足を運んだ瞬間、「いらっしゃいませ」という二、三の声に迎えられる。来客に気づいたスタッフによる挨拶だが、常に最初に飛んでくるのは店主の声である。スタッフとて遊んでいるわけではなく、うどんの載った盆を持って行き来しているのだが、一等最初に気づき声をかけてくるのは、うどんを作り続けて忙しい筈の店主である。どうも駐車場に車が入ってきた時から気をつけているようなのだ。挨拶に迎えられた客は席に着き、注文をしようと顔を上げるがこの時最初に目が合うのが、店主である。何を食べるか決めた客が注文のために顔を上げ、スタッフを捜すタイミングをきちんと捉えていて「〇〇番お客さん、ご注文」とスタッフに知らせる。満足して帰る客が「ご馳走さま」と顔を向けると同時に「有難うございました」の挨拶がくる。客は美味いうどんを食し、清清しい気持ちで店を後にするといったあんばいである。この店の中では目を向けると一〇〇%店主と目が合うわけで、スタッフがぼんやりしているわけではない、店主の目配りがすごいという話なのだ。繁盛している店にはありがちな、店に入っても注文はおろか水さえ出てこない、店内を見回しても誰も注文を取りにこないといった状況はこの店に限っては起こりえない。そんなことはなかろうと思われる向きもあろうが、これは名だたる店でも結構起きるのだ。忙しいのはわかるがスタッフが全体を見ていない店は多い。ちなみに私は入って三分間オーダーを取りにこない店はそのまま店を出ることにしているが、今までに何度となく経験している。そんな店はその時黙って店を出ても「お客様どうされましたか」と飛んでくるスタッフもいないし「有難うございました」という声もない。出る客に気づいていないのだ。つまりは気配りも目配りも全くない店ということになる。

もうひとつの話は回転寿司のホールスタッフの話だ。回転寿司は目の前のモニター画面に向かってタッチするシステムが殆どだが、それ以外に、カウンターの外に待機してオーダーを受けるスタッフがいて客のお世話をしている。彼らを業界用語でホールスタッフと呼ぶ。行きつけの店にいつも元気良く出迎えてくれるスタッフがいるのだが、ある時「あなたの笑顔はお店の財産だね」と言ったら「有難うございます」と明るい声が返ってきたが、彼女の目配りも尋常ではない。画面の操作が苦手な年配者が席に着けば「何にしましょうか」と声をかけ、画面でまかなえない注文をしたい客が顔上げれば彼女と必ず目が合う。それは彼女がたえず気配り目配りをしているからであり、彼女と同様目配り気配りに勤めるスタッフも多く、スタッフの接客水準が極めて高い店と言える。それは彼女が接客という分野で努力を怠らず、自分の仕事に喜びと誇りを感じて仕事をしているからであり、それが彼女を輝かせ、かつ同僚にいい影響を与えているということである。常に清清しい気持ちで食事を終えることが出来る店はありそうでなかなかないのが現状だ。なのに、この店は高級料亭ではなくとも、接客のレベルは一流である。

食べ物の話ばかり長々と何の話をしているんだとのお叱りが聞こえてきそうである。いやいや、ここからが本題である。うどん屋の店主、そして回転寿司店のホールスタッフ、この二人の方を定時制高校に招いて、総合的な学習の時間に話をしてほしいと何度も思ったことである。職業観の話として、人生観の話として、高校生たちに聞かせたいといつも思ってきた。いや「私はしゃべるなんてとても」と謙遜されるかもしれない。「勘弁して下さい」と固辞されることだろう。そうだな、本当はこの人たちの仕事ぶりをこそ生徒たちに見せたいのだ。この人たちの仕事ぶりは素晴らしい。輝いている。感動をさえ覚える。何故か？　それは自分の仕事に誇りを持ち誠実に努力をされているからだということを学んでほしいのだ。生徒たちにとってそれはかけがえのない人生の教訓となろう。しかし、よく考えてみよう。私たち教師にとっても実は同じことが言えるのではないか。教師の仕事も、大切なのは先ず目配りと気配りではなかったか、自分たちの目の前には沢山の生徒たちがいる。一人ひとりがそれぞれの人生を背負って登校してくる。二ヶ月校納金が滞っているのは何故か、いつも明るい顔が、今日はくもっているのは何故か、さっき食堂で独りで給食を食べていたのはどうしてかなどの目配りこそが、生徒たちが押し潰されようとしている現実から救う手立てとなるかもしれない。生徒の実態をつかむのは数字化されたアンケートの結果ではなく、面と向かって話すことでわかった事実からだ。教師たちよ、目配りと気配りの極意を彼らに学ぼうではないか！　ゴボ天うどんと寿司を食べに行こうではないか！

やっぱり食べ物の話になったか……不覚！

第一四話　武の人生

　暮れも押し迫ったある日、職員室を訪ねてきた子がいた。二年前に卒業した武である。「先生、就職先が決まったので知らせにきました」とちょっぴりはにかんだ表情で言う。「へえ、そりゃ良かった。ほんとに良かったなあ、母さんも喜んだろう」と言うと「はい」としり上がりの独特のイントネーションで返事をする。彼には発達障害があった。入学してきた時、中学からは「人間関係を形成するのが苦手で、よく級友とトラブルを起こしたり、授業中校内を徘徊したりする」との情報を受け取っていた。聞いた感じではちょっと大変な子かなとの印象を受ける。ところがいざ入学して接してみると、聞いていたのとは、かなり違う印象を受けるのだ。一口に発達障害と言ってもその症例は様々で、一言でくくれない程多様なわけだが、ただ共通する特徴の一つとして、情報を伝達する際には、大勢の中で言っても難しい、つまり個別に伝達しないと伝わりにくいということがある。武も同様で、だから武には大事な事は、個別に言おうと事前に職員間では打ち合わせをしていた。

　ところが台風が接近し大事をとって休校措置を取る事に決まったある日、担任はうっかりそのことを忘れ、「台風が来ています。明日は休校になります。もし台風がそれそうで、休校かどうかわからないという時は、学校に電話して聞いて下さい」とホームルームの場で言った。あくる日、武は雨風の中、自転車に乗りずぶ濡れになって登校してきた。学校の対応のまずさを電話で詫びると、母親は「いいえ、あの子がボーっとしとるのが悪いんですよ」と言ったが、担任は全体に達示しただけで帰し、個別に伝えることをしていなかった。明らかに私たちのミスだった。

またある日、こんなこともあった。定時制の子たちはその多くが仕事を持っているが、十八歳未満の就職求人は極端に少なく、新入生には見つけにくいのが実情で、学年が上がるにつれ、就業率も上がるというのが通常である。武も他の子同様、まだ仕事には就いていなかった。しかし、武の場合はあわてて仕事探しをすることよりも、学校生活に慣れることの方が先決だろうと考えたが、担任は早く仕事に就かせたいという意向を持っており、担任の焦りに押し切られた形で、「産業廃棄物の計量」の仕事の求人に応募し、採用され働くこととなった。産業廃棄物はその多くが様々な形態の消耗金属で、半端ない量の物量が大型トラックに積まれて廃棄場に運び込まれる。若松にはこの手の廃棄場が数か所存在する。武の仕事は入場してきたトラック丸ごと、計量し記録し書類を作ることを主要とする仕事で、運び込まれる廃棄物が多い時は、次から次へと息つく間もないほど追われるのだった。忙しい仕事であった。何とかこなしていると思われた彼の仕事のほとんどが、計量の間違いと記載ミスの多さで占められていた事が判明したのは、ひと月たち職場の方がチェックされた時だった。大ごとにはなったが、雇用主は彼の部署を変えることで何とかしようとした。しかしここでも彼はミスが相次ぎ殆ど仕事にならなかった。雇用主は、保護者に解雇せざるを得ない旨の連絡をし、何とか働いているものと思っていた母親は驚き、すぐさま本人に電話をし、一体どういうことだったのかと質した。母親の驚きと動揺をストレートに受け止めてしまった本人はパニックになり、授業の直前、廊下で倒れてしまった。急かされることを極度に苦手とする彼の特徴からすれば職種的には産廃物計量作業は極めてまずかったが、承知の上での応募であり、ハンディをもつ子の受験の際には取組として事前の申し入れ、つまりその子の就業に際して配慮してもらいたいことの丁寧な説明は就職先にしてきた筈だった。それだけにうまくいっていると思い込んでいた私たちも、本人がパニックを起こして初めて事態に気づいたという有様で、完全に後手に回ってしまった。初めてわかったことだったが、先ずは発達障害、殊に武の症状について私たち特に担任が理解していなかったのが一番、その為、何故こいつは出来ないんだと怒る父親に「高校生の時はこんなふうですよ」と見当違いの話をして、きちんと「障害」と向き合っての話をしていなかった。更に就職する際の申し入れの時も、「障害」についての話は一切せず「ちょっと変わった子ですが宜しくお願いします」という以上の話をせず、会社側に大切なことは何一つ伝わらず、彼の「障害」に対して全く理解が及んでいなかったことが後に判明する。担任だけのせいではあるまい。結果的に担任任せになってしまった私たちの職場態勢の問題もあるだろう。入学してきた年の一学期は彼に痛い経験をさせて始まったのだ。

時期を同じくしてこの年、県では大きな動きが起きた。義務制の学校や全日制高校では既にスタートしていた特別支援教育コーディネーターの配置が、この年の六月定時制でもスタートしたのだ。担任だけが奮闘しがちだった状況は大きく改善される土壌ができつつあった。コーディィーネーターの仕事は先ず担任が出来ていなかった「障害」のことで本人や保護者と話すことから始まった。

「障害」をもった子と親と「障害」のことで話す？　そんなこと当たりまえだろうとあなたは思うだろうか？　それでは在日の子や親と韓国籍・朝鮮籍のことで話すのはどうだろう？　被差別部落の子や親と「部落」のことでは話すのはどうだろう？　当たり前だというあなた、あなたは正しいです。が、しかし、これが実は存外出来ていないのだ。ある教師は「本人が国籍を隠したがっているのなら、触れないでやるのが思いやりだと思う」と言ってその子と話そうとしなかった。またある教師は「差別などあってはならんことなので他の生徒と同じように扱ってやるのが平等ということです」と言った。ちょっと待った！ 在日の子が国籍を隠したいのは、明らかにすれば差別をされることが分かるからで、経験の中で不利益を受けることを知っているからだろう。誰が自分を隠して生きていきたいと思うだろう。「部落」の子が他の子と同じだって？ 「部落」の子は部落差別のある社会の中で生きている。人間として同じであっても、生きている社会が違う。部落外の子は少なくとも部落差別は受けないのだ。他の子と同じように扱うということは、結局何もしないことと同じなのだ。国籍を名乗れないことは名乗れない社会がおかしいのであり、出身を隠さねば差別を受ける社会であれば、社会こそが改められるべきであろう。差別をなくすことは平等に言って何もしないことではなく、その子たちが学ぶ学校や生きていく社会に差別があるのなら、その差別をなくす努力をするということである。そのためにすべきことは、先ずその子や親とどんな社会で生きてきたのか、どんな思いで生きてきたのか、話をすることから始めるしかないではないか。一番肝心なそのことを抜きにして、その子の何を知っているというのか、何がわかるというのか、そして何を保障できるというのだろうか。「障害」をもつ子も同様だ。「障害」をもつが故に差別を受け不利益を被る社会ならば、先ずその子の「障害」を知らなければならんだろう。「障害」に触れずして話は始まらないし、何も進まない。

数年前、知的障害のある洋が入学してきた。特定の分野や興味を示す領域には集中を見せるが、学習全般にはかなり厳しい「障害」であった。しかし、この子は学校を休まない。授業中は、寝ずにノートを必ずとる。そこに救いがあった。何とかいけるかもしれないと我々は考えたのだ。子沢山の母子のみ家庭に育ったこの子を、祖母は知的障害とはとらえず、極めて幼いだけなのだととらえ、母親は何となく障害ととらえはしても特段何もしてはこなかった。

何とか学校生活にもついて来て、クラスの中にも受け入れられている状態の今はいい。だがやがて卒業して社会にも出ていくようになる時が来たらどうするのか、担任と共に色々考えた。定時制高校にきて進級し卒業は出来るかもしれない、でもその先どうする？ 障害をもつ子に生きる力を習得させ社会に送り出す特別支援校のようなノウハウも持たない我々は、洋に一体何をしてやれる？ そんなことをあれやこれや考えて、先ず障害者サポートセンターに行こうとなった。サポートセンターでは今後洋を支えるための様々な話を聞いたが、先ず療育手帳を取ることから始めましょう、ということになる。洋と我々の付き合いは高々四年間、でも卒業後も彼は生きていかなければならない。親もいつまでも元気でいるわけではない。そんな時頼りになるのは福祉行政とのパイプだという。至極もっともな話である。「手帳を取るように母親に話に行こうや」と言った時、担任は逡巡した。

「手帳を取りましょうということは、あなたの息子には知的障害がありますねということでしょう？ 親御さんにそんなこと言えますかね？」

「俺は思うんだけどね。昔、同和教育推進教員の時代でも部落出身の子のことで話に行ってるのに部落の話ができん同推が結構おったんよ。いや俺だって偉そうに最初からそんな話ができたわけではないんだけど、よく考えると部落出身であることや在日であることは悪いことでも何でもないことなんだね。それを言えないってのは自分の中に悪いことやというマイナスのイメージがあるからだと気づいたんだよね。まあ言わば自身の差別性というか……だから「障害」の話が出来んのは自分が「障害」を悪いことだと考えているからじゃないかと思うわけで、そう考えたらやっぱり、「障害」のことで話にいくんやから、そこは避けて通れんかなと、そう思うんだよね。「あんたは私の子を「障害」者と思うんか」と親ごさんに怒られるかもしれん。でも私は「障害」を悪いことだとは思ってません、と伝えようと思ってる」

担任は「わかりました。行きましょう」と腹を決めた。母親は私らの申し出を受け、一緒に障害者サポートセンターに出向き手続きをした。洋は療育手帳を取得し、以後行政のサポートを受ける手立てが取れた。だが、「障害」者に関わる担任の多くはなかなかそこまでは出来てないし、支援教員任せになっているのが現状である。さて発達障害のある武であるが、彼も先ずは手帳取得というゲートを通過しなければならない点では同じだった。前回慌ただしいペースで計量作業に携わり運搬してきた人と巧くコミュニケーションを取らねばならないという、彼にとっては極めて苦手な作業内容にミスマッチだった武だったが、それ以降、アルバイトの面接に行っては不合格を繰り返し、自信を無くしつつあった。加えて「ブラブラせず働きに行け」と言う父親の暴力も起きるようになり、かばう母親は板挟みになり、武にとって最早家庭は落ち着ける場所ではなくなってしまった。

武はアルバイトの面接を何度も受けるも不合格、父親の不満はますますつのり、注意すれば口答えする武に手を挙げるようになる。逆らえば確実に叩かれるから黙って聞いておこうという判断は武には出来ないことだ。父親との関係は悪化し、「お前のしつけが悪いから武がこんなんなったろうが」と父親に責められる母親は、狭間で苦しんだ。

「お母さん、お父さんと話をさせていただけませんか。武はサボってるのではないということをお父さんにわかってもらわんといかん。私らが言った方がわかってもらえることもあるかもしれん」との我々の申し出に「是非お願いします。あのわからず屋に話をしてやって下さい」との返事が返ってきた。

それから、数日たったある夜、父親が帰宅したのを確かめ我々は出かけていった。ところが、「今から先生が来るよ」と言った途端父親は家を飛び出した。家に到着したこちらの車と入れ違いに駐車場から出ていく父親の姿を見た時、「ああ父ちゃんも苦しいんやなあ。自分が無理言いよるのはわかってる。でもつい小言言いたくなって、それに武が口答えするものだから、売り言葉に買い言葉で修羅場になる。学校の教師が来ると聞き、説教されてはたまらんと、なりふり構わず逃げ出す父ちゃんも切ないなあ」と思ったことである。

武は一時ばあちゃんの家に避難してそこから通学を続けた。父親のいない時を見計らって家に荷物を取りにいく武も辛かろうが、一応親子の衝突は回避できた。

高校現場にいる私たちは全日制なら三年間、定時制なら四年間の付き合いになる。まあ実はそう言いながらも三年四年は在校期間で、卒業してもずーっと付き合いが続くのは珍しいことではない。むしろ高々三、四年で一人の人間が何とかなる方が希少なのだ。それに一個の人間を短期間で何とかできるなどと考えるのはおこがましい事で、せっかちにやれば必ず失敗する。だから縁があって定時制高校に入ってきた彼らとの付き合いは息の長いものになる。仮ににっちもさっちも行かなくなって学校を続けることが出来なくなって去ったにしても、勉強したくなったらまた入学してきて、やり直せばいい。学ぶのに遅すぎるということはない、何年かかってもいいとそれくらいの気持で私たちは考えている。それは全日制では出来ない定時制の特色であり強味だと思っている。

では「障害」のある武の場合はどうだろう。卒業しても付き合いが続くという点では同じこと。でももう一つ、卒業して社会に出てからは「障害」とも付き合っていかなければならない。その時頼りになるのは、やはり行政とのパイプだと思う。学校の教師もいつまでも母校にいるわけではない。そして本人もいつかは親から自立して生きていかなければならない。その時支えになるのは福祉行政である。一生支えになるのは行政のサポートなのである。だから私たちは先ず、本人・家族を福祉行政につなごうとしてきたし、それは間違ってないと考えている。

武の場合は先ず発達障害者支援センター「つばさ」を訪ねることから始めた。

「つばさ」は、北九州市内の自閉症（高機能自閉症を含む）、アスペルガー症候群、注意欠陥・多動性障害（AD／HD）、学習障害（LD）などの発達障害のある本人や家族を支援し、また学校や施設などの関係機関にもアドバイスしてくれるサポート機関であり、対象の年齢制限はなく無料である。このような支援機関が県内に四か所ある。

武が入学して直後の話である。「こんな子が入学してきまして……」と「つばさ」の先生と話していたら、その先生が「えっ」と驚かれた。実は武は小学校に入学する直前、母親が本人を連れていったことがあったということなのである。武が通っていた保育所で

「武ちゃんは遊ぶときルールを守らないからいや」

「武ちゃんは話しかけてもこっちの言うことを聞いてくれない」

などの園児とのトラブルがあった。違和感を感じた園の職員に勧められ、母親は「つばさ」で武の診断を受けていたのだった。一年ほど通所したが、その後来なくなり、連絡が途絶えてしまっていたということだった。

武がどのような小学校時代を過ごしたかはよくわからない。しかし中学になって何度か「問題」が起きる。友人間でしょっちゅう喧嘩が起きる。授業中徘徊をすることがある。そして中学校は母親に「一度専門機関で受診させてもらわないと中学としては受け入れ難い」と通告をした。母親は「つばさ」の関連機関を訪れて武を受診させ、WISC-III（五歳から一六歳一一ヶ月までの子を対象に言語や動作について数種類の項目にわたって行うもので、何が得意で何が不得手かなどの分析により、本人へのより良い指導の指針となり得る知能検査）を受けさせていたことが後に分かった。

「つばさ」の先生にすれば、ミッシング・リングが再びつながったことであった。話の結果をもって再び母親と話した。

「お母さん、武が小さい時、小倉の療育センターという所に行ってたでしょう？」

「えっ何で知ってるんですか？」

「いやそこの関連のある『つばさ』という支援センターに行ってね、担当の先生と話していたら武のこと知っていましたよ。〇〇先生ですよ」

「あーっはい、覚えています。一年くらい通ったけど、遠くて行くのが大変で段々遠のいたんですよ」

「ああ、そうだったんですか。ここからはちょっと遠くて大変だものね。でもまた連絡がつくようになると言って喜んでありましたよ。それでお母さん、武のことはやっぱり専門機関である『つばさ』と連携しながら見ていく方がいいと思うんですよ」

「はい、でもなかなか仕事も忙しいし小倉まで行くのは遠くて大変で……亭主は協力してくれんし……」

「うんそれでね、〇〇先生に話したら自分が学校に出向いてもいいとおっしゃってくれとるんですよ。武がちょっと早めに登校すれば先生と面談する場所はぼくらが提供できるし、お母さんと先生が話す必要があるときには、お母さんが学校にきてもらえばいいし、学校だったら来やすいでしょう?」

「ああそれは有難いです。でもいいんですか、学校を借りて?」

「いいですよ、遠慮なく使って下さい。お安い御用ですよ」

こうして学校が定期不定期、武と保護者、「つばさ」の相談の場となった。

段々わかってきたことがある。以前書いたことがあったが、武の友人間のトラブルの背景には武の言動をからかう子たちがいた。力の強い子が弱い子をいじめるのが普通であろう。力の弱い子は抗っても敵わないことがわかるから、からかわれても我慢をする。武はそんな計算は出来ないから、からかわれていやな時はいやだと抵抗をする。それがいじめる子らの集団には生意気だと映り、やっちまえと手を出すことになる。武は敵わない、でも抵抗をやめることはしない。これが友人間のトラブルの事実だ。誰が悪いのか、いじめる集団に決まっている。それともう一つ、その実態を見抜けない中学校の教師集団だ。何処に目をつけていやがんでい、べらぼうめ！と一心太助なら啖呵を切る場面だ。授業中廊下を徘徊する?武への情報伝達は個別にする必要がある、全体での達示は入らない。中学校も高校も移動教室・移動授業は少なくない。武を迷わせたのは連絡方法の不備にある。それは嵐の中ずぶ濡れで登校させた我々も同罪である。武の問題は彼自身ではなく、教師も含めた周囲の問題であることがわかった。

「お母さん、中学校からは受診させろと言われ、お父さんからも責められてきつかったねえ。ぼくらも同じような過ちをしているかもしれん。だから気づいたときは遠慮なく言って下さいね。一緒に武のこと見ていきましょう。ところで中学の時、受診して病院の先生は何と診断されましたか?」

「はい、えーっと何とか言ってましたね」

「発達障害と言ってませんでしたか?」

「ああはいはい、そうです。確か発達障害とか何とか言ってました」

「いやぼくら学校現場でも最近になって聞くようになった言葉でしてね。今色々勉強しているんですよ。だから武が悪いわけじゃない。ぼくら周りの人間が考えんといかんことなんですよね。お父さんにもそれを分かってもらわんといかん。決してサボってるわけじゃないってことを、ぼくらが伝えようと思います」

教育現場に発達障害支援教育が始まり、支援コーディネーター制度が始まったばかりである。世間はおろか学校現場でも言葉を知らない職員は沢山いた。「発達障害」を軸に武の保護者と私たちが向き合えた瞬間だったと思っている。

第一五話　わたるとピアス

この職業を選んだとき、面白いなぁと思ったことが幾つか、いや沢山あった。それは相手が人間という生き物だから当たりまえの事なのだが、子どもたちは大まかに三つの顔を持っているということだ。先ずは学校での顔、教師の私たちが日常目にする表情だ。二つ目は親たちが知る家庭での顔、そして三つめは子どもたちの集団の中での顔、しかもこれらは往々にして異なっていることが多い。親も教師も自分の知る子どもの顔をすべてと思いがちであるが、それらは一面に過ぎない。何か問題が起きた時「そんな子じゃないんですがねぇ……」という大人の戸惑いは実は当然と言えば当然なのだ。教師をやってて家庭訪問に行けば（えっ、学校ではあんなにおとなしいやつが、親に対してこんなに反抗的な態度とるんか）と驚いたり、或いはその逆に、（学校ではあの生意気な子がこんなに親思いで優しいんかい）とびっくりしたりである。大人は親も私たち教師も、自分の知る子どものキャラクターが一面に過ぎないのに、分かっているつもりになっている。しかも、更なる未知の領域は友人の中にいる時にある。これは親や教師、大人たちには極めて不可知かつ不可解な世界である。アルバイトをしている子であればその職場での顔は更に違ってくる。

要は私たちが知っている、分かっていると思っている子どもたちの実像は、私たちの想像とは別の所にあるということだ。そもそも人間はそんなに単純な生き物ではなかろうし、一面だけみてすべて分かっていると考えることの方がおこがましいというものだろう。そういう視点で見れば悪ガキだと思っていたやつが、実に感心な孝行息子だったり、教師にタメロしかきかない生意気娘が、アルバイト職場では信頼厚く任されていて、店長にはビシッと敬語を使いこなしていて感心したり、いやそれだけに、じゃあ何で我々には敬語が使えんのだと益々生意気に思えたり、そんなこんなで、生徒たちを見てると、いやあ人間って面白いなあと思えるのである。だから家庭訪問の目的は、親と私たちがお互いの知る生徒たちの人間像を情報交換することでもあると思う。そうやって自分たちが知らなかったその子のいい面、いたらない面を知れば、楽しいじゃないか。そう思えるのである。

わたるは中学時代剣道部、クラス委員長を任されるような真面目で教師受けするような子だった。いかにもといった坊主頭のわたるは入学直後の体験学習でもすぐに担任から代表に指名され、宣誓をしたり、先頭で号令をかけたり、生徒代表の謝辞を述べたりといった役目が待っていた。

「自分はこんなん苦手なんですよ」と訴えるが、職員は取り合わず、わたるは指名されれば、リーダー役をこなし続けた。半年たち一年たつころ、わたるに変調が見られるようになった。学校を休みがちになり元々口数は少ない子だったが、クラスの子たちともあまり喋らなくなった。髪は坊主頭から長髪というより伸ばしっぱなしになり、耳にピアスの穴が開いた。ピアスは増え続け、顔の表面を侵食した。アルバイトは資材の梱包作業の工場に勤めていたが、休みがちになる。休む時は一日だけでなく続けて休む。その間遊びまわっているわけではなく、家に閉じこもりっきりという状態が続く。でも何日か休んだ後はアルバイトも学校もケロッとしてやってくるものだから周りは拍子抜けしてしまう。そんな事を繰り返して一年が終わる頃、欠席はかさみ進級が難しい状態に陥ったわたるの姿があった。

担任は今後のことについて親を交えて話をもった。わたるは意外に明るい顔で「来年は頑張る」と言って、退学せず留年する道を選んだ。

わたるの学年の一個下の学年の担任だったのが私である。私は三月末に次年度担任として家庭訪問をすると、本人は出かけていたが、近頃は仕事も休まず工場に行くようになり、本人も落ち着いてきたと両親からの近況報告を聞く。やがて本人も帰宅し、本人、両親、担任での話し合いになる。本人は「四月から行く」と言い、「そうか、じゃあ頑張って来い」と私が言ってほぼ方向は決まったのに、何故か両親の表情が暗い。「じゃあ、わたる、後は我々で大人の話をするから、子どもはさっさと風呂入って寝るように」と言うと、わたるがニヤッと笑って向こうの部屋に行ったので、「どうしましたか。何かご心配なことがありますか」と聞くと、「実は学校に来るならピアスを取ってきてからにしてほしいと言われました。息子はあんな風ですが、今は割と落ち着いています。もしあのピアスを強制的に取ればまた不安定になり登校しなくなるのではないかと思います。ですが学校にお約束したことでもあるし、本人は四月から行くと行ってますが、ピアスを取る気はなさそうだし、どうしたらいいかと……」と顔を曇らせる父親。

「お父さん、ピアスの件は一応置きましょう。先ずは新しいクラスになじませることを第一にして、ピアスは追々話すことにしませんか」「それで学校の方はいいですか」と心配顔の両親に「私に預からせて下さい」とカッコいいことを言ってその場を辞した私だったが、定時制の良さは少人数教師集団で小回りがきくのと融通がきく事だと承知している自分は、あまり心配はしていなかった。担任がこうやりたいと策を出せば、尊重して協力してくれるのが定時制の職員集団だ。原則は大事だが、それだけではうまくまわらないのをよくわかっている。だからよほど反社会的なことでない限りは、担任のやり方を尊重してくれるので、顔のピアスくらい何てことはないと思っていた。

だが、しばらくして心配になってきたことがあった。「いやいや待てよ、ホントに大丈夫か?」それは職員集団のコンセンサスの問題ではない。それはいい。そうではなく、わたるが四月から新しく入る、いたいけない我がクラスの面々が『鉄人わたる』をすんなり受け入れることが出来るだろうかという事が、心配になったのだ。顔のピアスは耳のとは違い、かなり強烈なインパクトがある。初対面の人は先ずギョッとするだろう。もしクラスの面々が引いてしまい、わたるを敬遠するようなことになれば、わたるもクラスに居づらくなるだろうし、登校しなくなるのではという事が心配になってきたのだ。

その日がやってきた。新年度の四月始業式の後のホームルーム。

「……それと今日みんなに紹介したいことがある。今日からこのクラスのメンバーになった○○わたるだ。みんな、よろしくな」「○○わたるです。よろしく」

若い連中の前では私の懸念など杞憂であった。それこそ何てことはなく、「わたる君、わたる君」と皆から頼られる存在になるのに時間はかからなかった。後日聞いたことである。「お前らさあ、わたるのピアス気にならん?ドキッとせんかった?」「う〜んちょっと変わっとるけど、ありかも……」「イケとるんやない」

こいつらの感性には敵わんと正直思った。考えてみれば、わたるが働く梱包資材の組み立て工場の職人さんたちは、わたるよりずっと年上の人たちばかりである。鉄人が作業服を着て働く姿には違和感を覚えてるかと思いきや、職場訪問の時、工場長にそのことを聞いたら「もう慣れました。みんなもそうだと思います。わたるは結構みんなから可愛がられていますよ」と言われていたことを思い出した。それは「障害」のある子がいるクラスの子たちの「障害」者への理解が、いないクラスの子たちに比べると各段に深まること、そして「障害」のある子が共にいることが日常当たり前という感覚が育つ事と同じことかも知れないと思った。こうして三年になった我がクラスは、定員が一人増えて新しいスタートを切ったのだった。

第一六話　去り行く忍者

一つの光景がある。ここは私鉄のローカル線、改札口から重い足取りでゆっくり歩く高齢者の姿がある。乗車予定の人々は足早に追い越していき、場面は列車に乗り込む客の姿を映し出す。出発の時刻が迫ってくるが、老人は階段にさしかかりその足取りはいよいよ重たいものになっている。「先ず間に合うまい」と見る者に予想させる場面である。やがてホームに出発のベルが鳴り響き、階段を仰ぎ見て高齢者の顔に諦めの表情が浮かぶ。その時、足音を響かせ駆け込んできた三人の若者、どうやら地元の高校生らしい。これに乗り遅れては大変と一気に階段を駆け上がりかけるのだが、三人目の高校生が立ち止まり、老人の方を振り返り、引き返してその手を支えて昇るのを助けようとする。二人目の子がそれに気づき先頭の子に何やら声をかけると「よしまかせろ」とばかりに先頭の子は階段を駆け上がる。場面は電車の車内に変わり、高校生やサラリーマン風の乗客に地元の人たち、それぞれが列車の出発を待っている。そこに先ほどの先頭の子が手を振りながら車掌に向かって何やら大声で叫びながら走り込んでくる。一斉にその子の方を見る乗客、車掌はうなずき運転手に何かを連絡する。電車は動かず、しばらくして高校生たちに支えられてゆっくりとした足取りで階段を昇り終えた老人が、列車の方に歩いてきて無事乗車を果たすのである。乗り終えた瞬間、列車内のすべての乗客から拍手が起きる。

これは地元の高校に務める一教師の呼びかけで「思いやり」をテーマに作成された啓発作品ビデオである。驚くことに撮影された場所は地元の生活を支える電鉄の駅の構内、そして使われた列車は本物、登場人物は高校生と職員、電鉄会社の全面的なバックアップの中で撮影されたものである。この地元の高校は高校生たちの突っ張ったファッションから、住民には怖い生徒たちばかりとイメージされてきた経緯もあった。この教師は高校生たちに向き合い、彼らの苛立ちや鬱屈した思いを何とか前向きに転換出来ないか、彼らが一歩踏み出すきっかけをどうにかして作れないかと模索していた。力が優先する人間関係の中、いじめの問題もあった。何とかしたい。何とかしなければと考えた結果、映画を作ろうと思いついた。役者は生徒たち、みんなで役を演じることだ。悪そうの子たちも入ってこなければ意味がない、みんなで映画を作るのだ。当初、なかなか乗ってこない子たちにも辛抱強く話し込んだ。この教師は本気だと生徒たちが感じ始めた時、映画づくりの車輪は回り始めた。職員にも協力態勢が出来た。学校が本気になった時、地元の電鉄会社も熱意にほだされ、全面的に協力してくれることになった。かくて学校と地域社会が一緒になって高齢者を支える若者の思いやりを描いた作品が完成したのだ。

作品はこれだけではない。校内に散らかるゴミ、生徒も職員もあまり綺麗にしようという意識はなく、ポイ捨て投げ捨てが横行している。場面は変わり地元の幼稚園の園児たちが道路に散らかるごみを片付けている。通りかかった高校生たちが歩きながら飲食をし、パンの袋や飲み干したペットボトルを投げ捨てる。散らかったゴミを拾う園児たち、振り返った高校生がそれに気がつきギョッとする。ゴミを拾い集めながら次第に高校生たちを包囲する園児たち、その迫力に押され、心を入れ替えた高校生たちは、一転して校内外の清掃活動に乗り出すという作品である。突っ張り高校生が園児に扮したり、職員が生徒にたしなめられたり、パロディーを織り込みながらユーモラスに描いたこの作品中、園児たちは地元の幼稚園の子たちであり、製作過程で怖そうに見える高校生のお兄ちゃんがホントは優しいのがわかって交流も生まれた。清掃活動に取り組む姿に地域も印象を改めた。

またもう一つの作品では迷子になった幼い子を高校生が交番まで連れて行き、我が子を必死で捜していた母親と無事再会するところまでを描いた作品だ。この作品では地元の警察署も協力をしてくれて交番を舞台に本職の警察官も出演している。高校で製作する映画に地域の企業や施設、行政機関までが協力して携わっている。これはひとえにみんなで協力して作ろうという、この教師の情熱が生んだ人の和だと言えよう。教師の名は飼鶴丸聡（かいつるまる　さとし）、本編に何度も登場したクラス担任の前任校での話である。

学校現場では春は出会いと別れの季節である。卒業する学年を送り出した後、新たに入学する学年を迎えて学校は新しい一年がスタートする。改まるのは生徒たちだけではない、職員とて同様である。出会いがあれば別れもある。職員はいつか異動する。飼鶴丸さんが若松定時制を去る日がやってきたのだ。多くの生徒たちが彼の視線に見守られ、成長し卒業していった。網から零れ落ち退学していった子たちもいる。それでも彼らが飼鶴丸クラスで経験した日々は、彼らの高校生活の思い出を形作る一つになっているだろう。受け持ちのクラスは新三年生になる。「絶対卒業すると先生と約束した。だからやめん」と言った子がいる。一年時、勉強では欠点ばかりで補習・追試を辛うじてクリア、生活指導面でも問題児、だが担任は決して見捨てず支え続けた。担任にのみ心を開いていたこの子が、他の教師にも打ち解け成長していく過程はまさに定時制高校の日常生活の場面だった。本当に大人になった。この子はきっと続くだろうと感じる。

残念なことがある。飼鶴丸さんは「いじめ」をテーマに若松定時制、否、全定いや北九州地区の他校とも協力して、映画を製作しようと計画し、ここ数年企画を温めていた。本来なら今年は着手の予定であった。定時制と全日制合同で地区を越えて北九州ブロックの学校が協力しながら一つのテーマで共同制作にあたる。胸躍る企画ではないか。だが、今回の異動で彼が遠方の学校に勤務することになった事情から、映画製作は延期とせざるを得ないだろう。だが、それはあくまで製作上の一つの過程である。異動した特別支援校ではまた新たな実践が生まれることだろう。私たちはきっとすぐに飼鶴丸レポートを耳にし、飼鶴丸学級の健在ぶりを確信することだろう。それはそれで、また一つの『ちょっといい話』なのである。

第一七話　いざ新天地へ

定時制高校を定年退職後、病休者の代理で二か月間、全日制のA高に勤務した。その二か月後、文化祭に出かけて生徒たちと再会をした。就職試験が解禁となり早々と内定した子、まだまだの子、更には進学のため準備している子と、三年生は色々不安な時期なのだが、みんなそれぞれに頑張っていた。文化祭の出演メンバーの中には自分が副担任をしていたクラスの秀樹という男の子がいたが、彼は軽音楽部の部長でパーカッションを担当し、なかなかの腕前だった。秀樹はギターが弾ける顧問のS先生と二人で二曲演奏したが、そのうちの一曲は「Stand By Me」で、今から社会に飛び出す三年生に贈る最高の歌だった。メロディーが流れてきた時、（あぁベース持ってきて飛び入りすれば良かった）と後悔した。ご存じない読者のために説明させていただこう。小生、今から三十年前に、当時は珍しかったおじさんバンドなる企画に参加をし、以来「人権」をテーマとするライブコンサートに、ギター・ベース・マンドリンに手話を加えたメンバーと共に【Human Rights Concert】（人権コンサート）の活動を続けてきた。気がつけばもう三十年の歳月が流れていた。なのでギター・ベース・ブルースハープなどは演奏できるのでベースで加われば彼らに花を添えることが出来たろうにと悔やんだのだ。ああ後悔、先に立たず！　ちなみにバンド名は『願児我楽夢』、（がんじがらめ）と読む。前身のバンドがあったのだが、名前が『自遊本舗』（じゆうほんぽ）、その二代目として、まあ一度限りの即席バンドだからということもあり、反対の意味の「がんじがらめ」、さらに「子どもたちが楽しみながら自分の夢をかなえられる世の中になればいい」という願いをこめて『願児我楽夢』という漢字をあてた。ところが見た人が自分の所にも来てくれ、うちにもと広がり、その年の長崎全同教大会の地域の教育力という分野での発表を機に各地から要請されるようになり、気がつけば三十年間、コンサート回数も千五百回を越えてしまった。Wikipedia には「おじさんバンドの草分け」と記されている。実際当時はおじさんがバンドをやってるなんて珍しく、聞いたこともなかった。今では全国あちこちに音楽をやってるおじさんたちがいる。人権をテーマにコンサートをやってる個人もグループもいる。我々はみんなに勇気を与えた。我々のコンサートを観てみんな思ったに違いない「あれなら俺もできる」(笑)。

さて、それから三カ月後、私たち願児我楽夢は全校生徒対象に人権コンサートをすることが出来た。当初は学年を対象とした小生のソロコンサートでの計画だったが、それならいっそバンドでの全校コンサートをということになり、実現の運びとなった。時期は二月、この時期の体育館でのコンサートがいかに寒いか、いや演奏者はともかく、私たちのコンサートは聴いてる方は極寒での九十分だ。出来るなら避けたい季節だったが、ここしか取れないという究極の選択での設定だった。当日は案の定冷え込み、雪がちらつく天候となったが体育館には専用の大型のストーブが二台も設置され、会場の熱気と共に、温かいコンサートが出来た。ラストの「明日天気になれ」という曲が、軽音の二人とのジョイントで大いに盛り上がったことも付け加えておく。

さて、こうしてその年は貴重な体験と共に終えたのだったが、新しい年度が始まろうとする頃、ある定時制高校から非常勤講師の依頼があった。小生は英語の教師であるが、依頼は少しユニークな中身だった。高等学校には国際化の流れと共に新たなプランも沢山増えて来て、例えば外国人生徒や帰国子女に門戸を開くための特別入試制度が創設されてきた。彼らにとって最大の難関は言葉の壁である。すべての受験者が母国語で受験できるわけではないが、時間を少し長くするという配慮はある。十分ではないが、彼らは日本で生きるために、生活していくために、日本語での受験に挑戦する。そうして入学してくる子たちは年々増加の傾向にある。とは言え入学を果たしたとしても、言葉の壁は彼らが熟達するまでつきまとうし、ハードルを越えられずに退学する子らも勿論存在する。そこで最近創設された制度が帰国子女・外国人生徒の適応のためにサポートする教師の特別配置制度だ。この制度はまだ知られておらず、各校から教育委員会への配置要求もあまりない現状なのだが、小倉南高校定時制はいち早く、新学期に入学予定生徒のサポートの為に要求をし、その配置が認められたという次第で、その任務に小生が打診されたというわけだ。私は若松高校定時制時代、生徒たちにとって国際交流がいかに大切かを痛感していた。国際視野を広げるため、否、人間的成長のためにも色んな文化に触れ体験していくということがいかに有効かである。だから英語の授業でのALTとのTT（ティーム・ティーチング）の授業や国際交流をテーマとした学校行事や特別活動に重きを置き、若松高校定時制もその流れを尊重する態勢にあった。それは定時制の生徒にとって大層幸せな環境だったと言える。今、小倉南高校が帰国子女・外国人生徒受け入れのため、新制度を活用し、踏み出そうとしている。これは大変価値ある取り組みであり、自分もその一員として協力したいと思い、承諾した。こうして私は初めての任務に就くことになった。新たな仕事と新たな生徒との出会いを想像してワクワクしている自分がいた。次回からこの小倉南高校定時制日記をお届けする。

第一八話　フィリピンからやってきたNory

時代の変化は教育現場にも押し寄せる。高校への帰国子女・外国人生徒の入学の増加である。これはすでに二〇年前に当時の全同教大会（全国同和教育研究大会）において、東京・神奈川などの都市圏の高校現場から報告され、いずれ地方にも共通の課題となることが予見された問題であった。予想通りここ数年、公私立を問わず外国人生徒の入学は増え続けている。家族と共に来日した研究生や技術職員の子どもたちの増加、国際結婚など理由は様々であるが、国際情勢に照らせば、島国であることで人的・物理的に隔絶されるなどあり得ない話である。

帰国子女・外国人生徒の入学に対しても制度の改正がなされ、入試制度に若干の配慮がなされるようになった。他の受験生と一律同じという条件では酷だろうとの配慮で、彼らに対しては受験時間の延長がなされるようになった。試験はその知識と考察力をはかるものであろうが、彼らにはそれ以前に、問題が母語ではないという言葉の壁が存在する。英語圏の受験生が英語で受験できるわけではなく、中国語圏の受験生が中国語で受験できるわけでもない。その他の国の受験生も同じことである。ただ、現在実施されている時間の延長のみが、日本語を母語としない受験生への配慮である。母語以外の受験、それは想像するにかなりのハードルであろうが、彼らは難関を乗り越えて入学にこぎつけるのである。言葉の壁は入学後も同様に教科の学習を困難なものにしているが、年齢が若いこともあり、多くは日本語圏での学校生活の中で言語の習得を果たし、学生生活を成就していくのである。ただし、すべての生徒が成功にこぎつけるとは限らず、様々な問題に阻まれ、中途退学を余儀なくされる子たちも少なくない。その理由の根底には言語の壁からくる人的交流の乏しさや学習理解の困難さなどの問題が存在している。例えば小学校ではその学校に専属の彼らへの言語的サポートをする職員の特別配置があり、サポートは言語学習だけにとどまらず彼らのメンタルな面での成長にも関わっている。中学校になると地区単位での配置になり、各学校を巡回してのサポートとなり関わりは希薄にならざるを得ず、更に高校になると各校の裁量に任されて、学校によっては何もしないに等しい場合も出てくる。それでも中学時の日本語教師が高校と連携し、生活面でのサポートまで関わった実践も過去にはあった。

そんな状況下、近年高校にもサポート専任教師の配置制度がスタートした。現職時、若松高校は定時制高校生と地元北九州の大学の留学生たちとの文化交流に力を注いできた。中国・ベトナム・韓国・スリランカ・タイ・インドネシア・モンゴルなどの留学生との交流は、定時制生徒たちの世界を広げ、見識を深めるのに計り知れない教育的効果があったと自負している。個人的には技能実習生たちや、国際結婚で来日した外国人を対象とした日本語教室での日本語教師のボランティアも、国際交流という観点からやりがいのある仕事だと感じている。そんな時に、小倉南高校定時制から日本語サポート教師の依頼があった。私はこれを断る理由が見つからず、かくして入学してくるフィリピン人生徒のサポート特任教師になったのであった。

初対面の時、両親（フィリピン人・日本人）と本人は不安の渦中にあるように感じた。無理もない。タガログ語と英語を母語とする十七歳の少女が、周囲日本人だらけの異国の学校で日本語での授業を受けることになったのだ。それでも学校に行きたいとする欲求に突き動かされ、高校進学を決意したものの不安は極致に達していたことだろう。先ずは三人を安心させることから始めなければならなかった。教務主任の「大丈夫ですよ。

みんなでサポートしていきますからね」という言葉を通訳した後、私は自分の立場と役割を両親と本人に説明する。「教科と学校生活に関するあらゆる面でサポートする」ということを言うと、三人の表情が一変した。「よろしくお願いします」という言葉の中に本人と親ごさんのすべての気持ちが込められているように感じた。こうして対面も終わり新学期がスタートした。

定時制生徒は夕方五時頃からポツポツ登校してくる。先ずは食堂で給食を取り、その後一時間目が六時からスタートする。私は一時間目と二時間目のすべての教科に、担当生徒のNoryと一緒に授業を受ける。すべての教科には言葉の壁が存在する。先ずはその壁を取り除くことから始める。例えば数学について考えてみよう。「次の問題を解きなさい」という問題はよくある表現である。「次の数式の答えを記せ」もある。「次の解を求めよ」もあるだろう。「証明せよ」はどうだろう。これらのいずれも「問題を解きなさい」と言っているし他の生徒は難なく解くケースだろう。だが、言葉の意味を知らないと、何となく想像はついても答えはわからない。時には勘違いして違う作業をしてしまうかも知れない。理数系は記号が多いから言葉の壁などあまりないと思われるかもしれない。いやそうではない。数学にとどまらず物理や化学などの理科の科目でも同じ困難さは生じるのだ。文章問題は言葉の意味が分からないと解けないのだ。元素記号を書かせる問題が出たとしよう。皆さんは「水兵リーべぼくの船、なーシップスクラークか」と意味づけして語呂合わせで覚えた記憶をお持ちだろう。しかしNoryにとっては『水兵』も『ぼくの船』も外国語であり、自分の生活用語に意味づけすることはできない。「どう間違えてジュラルミン」式の覚え方も同様である。あるいは国語総合という科目がある。現代文・古文・漢文などを総合的に学習する科目であるが、言葉の壁どころか、これはもう要塞みたいなものである。先ず漢字圏以外の国の人間にとって、漢字は文字ではなく記号でしかない。アラブの文字をなじみのない私たちが見ても文字には思えないのと同じである。更に漢字は部首というパーツの組み合わせで出来ており、「偏（へん）」「旁（つくり）」「冠（かんむり）」「脚（あし）」「構（かまえ）」「垂（たれ）」「繞（にょう）」など、それぞれに意味がある語の組み合わせなのである。各パーツの意味を知っていれば想像はつくが、漢字圏外の人間には不可能である。「沙漠」の「沙」は「水が少ない」から「砂」を連想し総じて「さばく」と想像できるかも知れないが、「水」「少ない」の意味を知らなければ不可能だ。更に漢字の筆順というやっかいな要素も加わる。「口」という「国構（くにがまえ）」は筆順三画の語だが、Nory は一筆書きで書いていた。記号と考えればそれも無理からぬことだろう。一筆書きは合理的ですらある。更に更に「Nory、その筆順は違うよ」と言うと「でも本にはこう書いてあります」ということが度々あった。私が筆順を間違えて覚えていたのだった。何と六十年以上も間違えた筆順で過ごしてきたことに気が付かされて愕然とする。（ええい、筆順ぐらい間違えても生活できるわい）と言いたいが、その言葉は彼女にもあてはまることだろう。

「漢字が分からなければ辞書をひけ。我々も英単語はそうやって辞書をひいておぼえた」という人がいるかも知れない。その人に言おう、漢字は読み方がわかなければ辞書はひけない。例えば「わかる」という単語の意味は辞書のワ行をひいて行けば、「わかる」という言葉に行きあたる。じゃあ「理解する」という言葉はどうだろう。「理解」の読み方がわからなければ、何をひけばいいのかはわからない。漢和辞典があるだろうという声もあるかも知れない。だが、「理解」という言葉をビギナーは一体何を手掛かりにひけばいいのか、部首か画数か、それは更に難しい作業になるのは前述の如くである。更に更に更に、現代文の文学的表現、文章の修辞的領域になれば、これは他の多くの生徒たちにとっても難しいことは一杯あるだろう。

「冬将軍が枯葉の名刺をもって訪れる候、同時に荒れ果てた引き戸の隙間に忍び寄る死の気配は破れ障子をはためかす寒気の如く甘美な破滅への道程へと私を誘うのだった…」こんな文章の一語一語を逐語訳して、それを組み合わせたとして、果たして作者の真意は伝わるのか、はなはだ疑問である。まだまだある。いや、つまり、翻訳をするという作業の中で分かってきた、母語ではない言葉を媒介とする学習の難解さというものを痛烈に感じながら、私のサポート業務は滑り出したのである。

第一九話　特任教師奮闘す

帰国子女・外国人生徒の授業サポートを業務とする特任教師としての日々が始まった。授業は原則として、彼女が受ける教科にはどれでも入ることが出来る。但し勤務日の第一限二限の二コマ、週三日なので計六コマに入ることになる。必然、必要度の高い科目が優先となり、「国語総合」「現代社会」「英語」を優先し、他の科目は状況に応じてということになった。さて、私は英語科の教師であるが、他教科に関しては当然のことながら「素人」である。個人的に興味をもって学習しない限り、その知識は大学受験のレベルで止まっている。いやそれどころか、何十年も前の知識は、頭の中で忘却の彼方へと押しやられ、既に化石化しているとさえ言える。だから他教科で彼女をサポートするには、自分が一から学びながらやるしかないわけで、サポートというよりは一緒に勉強しながらやっていくといった方が当たっている。それはそれで楽しいかもしれない、そう思った。さてさて国語総合は国語の領域のすべての内容を含む学習で、「現代文」「漢文」「古文」と国語に関するあらゆる領域を学習する科目である。一学期は現代文から始まったが、現代文の解釈がいかに難しいかは前号で触れたとおりである。一つひとつの語を逐語訳してつなげても、全体の意味を理解するのは難しいし、行間の意味を拾うのは更に困難である。日本人の子たちでさえ、本を読む習慣がなくなった今、極めて難しい学習内容である。だからエッセイに込められた作家の主張を、語訳するのではなく翻訳をして伝えることが必要であった。実はこの翻訳という作業は語学力だけで出来るものではなく、『翻訳のセンス』なるものが必要とされる領域なのだが、私とて文学部の端くれである。苦労しつつも何とか乗り切った。自慢に聞こえるかもしれないが、そう自慢である。文意が理解できた彼女の口から「Amazing.」とか「Awesome!」という言葉が出れば「よっしゃ」となる。二学期になると漢文が入ってくるのだが、これは先ずその読み方からして難しい。思い起こしていただきたい。皆さんはレ点、一二三点に上中下点、甲乙点等の返り点がついた文を覚えておいでだろうか。慣れないうちは、どこから読めばいいんだと迷った経験はおありだろう。彼女にとっては、ここでも難しい漢字の読みが高い壁となる。先ず原文のままの『白文』、返り点や送り仮名を加えた『訓読文』、現代仮名遣いで表記した『書き下し文』、更に同じ漢字でも、訓読文は「歴史的仮名遣い」、書き下し文は「現代仮名遣い」でなければならんという複雑なルール。「えーっ何のこっちゃ？　もう忘れてもうて何が何やらちんぷん漢文やぁ」とパニクっている方、いやあ、忘れているかも知れないが、皆高校の時はかくも難しい科目と格闘していたのですぞ。そして闘いに敗れた方はこう叫んだかも知れない。「ええい、漢文が読めんでも生きていけるわい！」と。彼女にとって漢文は中国語と日本語が入り混じった極めて難解な類の、難度レベル五の文章に外ならず、彼女はそれを恐るべき集中力と驚嘆すべき記憶力で乗り切っていったのだった。それは意味は二の次で丸暗記と言ってもよい勉強法だった。そもそも漢文学習の妙味は中国文化における先人の歴史や文化や知恵を理解することであり、漢文の解釈により先人との対話を果たすことと言っても過言ではあるまい。だが、その妙味を味わう余裕は、必死の彼女には持てなかった。例えば「瓜田に履を納いれず李下に冠を正さず」ということわざがある。うり畑で靴を直せばうりを盗っているように見えるし、李（すもも）の木の下で冠を直せばすももを盗っているように見える。だから君子は疑われるような立場に身を置かないものだという戒めである。この文章は味わい深いと思う。西瓜畑で靴ひもを締めなおしている自分をイメージしてみよう。あるいはブドウの棚の下で髪をいじっている自分を。ああ人が見れば泥棒と間違えられるよなあと容易に想像が出来る。人生も同じこと、怪しげなところに身を置けば窮地に陥ることだってある。そう考えれば先人の戒めは故事であっても決して古くはない、時代が移っても色あせない、むしろ真理だ…と思いを馳せることが出来る。そんなことを考える過程で、人は知識だけではなく心の成長も促されるのだ。それが学習の目標だろう。だが、今の子どもたちはそんな思考の旅を辿ることもなく、レ点や漢字の読みを覚えることに忙殺されて、面白さを味わうゆとりもないのではなかろうか。ましてや外国人の彼女に言葉の壁を乗り越えて尚、面白みに到達する余裕がなかったとしても、それは仕方のないことなのか…いやいやいや違う！　そこを抜きにしては、何のために日本の文化を学習するのかわからなくなる、それは違う。彼女には面白さを出来るだけ味わってほしい、面白いと感じてほしい。だから可能な限り、その楽しさを伝えるようなサポートをしよう。そう思って精一杯、内容に重きを置いてのサポート業務を心がけた。ところでサポート重点科目に何故「英語」が入っているのかと疑問に思われた読者はおられないか。そう、何故英語だ？　彼女は母語のタガログ語に加えて生活言語として英語を使っている。英語は勉強せずとも出来るんじゃないのか？　そう思った人たち、へへそれは違うと申し上げよう。

こんな話がある。古い話で恐縮だが、筆者が中学の時、同じクラスにテッド田中という友人がいた。両親は彼が小さい時にサンフランシスコに渡り、造園業を起こし成功した。彼が小学生高学年になった時、教育は日本で受けさせたいと、彼だけ日本の親戚宅に預けられ日本の小学校から中学へと進学した。テッド君はビートルズのリンゴ・スターを坊主にしたような顔立ちの、スポーツ万能の少年であったが、英語はもちろんペラペラで、本場仕込みの流ちょうな英語をしゃべっていた。英語の先生がテッド君にあてると『キャリフォーニア』とか『アナモル』とか耳新しい発音でスラスラ読む彼の姿はかっこよかった。それはぼくらの読む「カリホルニア」とか「アニマル」などの和製英語の発音とは違って、ネイティブの発音だった。英語の先生が発音したとき、時々テッド君は「先生それ、そんな言い方しないと思います」と指摘するのだったが、悪気はないものの、英語の先生の緊張ぶりはすごくぼくらに伝わってきて気の毒だった。さて、ここからが本題である。テッド君の定期考査の英語の試験の点数はどうだったろう？ 当然満点だろうと思われた人、実は彼は満点は取れなかった。勿論欠点ではないが、彼はいつも七十点から八十点の間を行き来したのだった。何故か？ 英語は言語である。その言語である英語をぼくらは英語と日本語で学習しているのである。具体的に言えば英語を日本語にする英文和訳と日本語を英語にする和文英訳が当時の英語教育の骨子である。テッド君はキャリフォーニアにいた時は、両親とは日本語で、学校では英語で話していた。言わばバイリンガル（二か国語）である。しかし、中学で学習する英語の学習で、英文を日本語に直す、つまり英文和訳には、口でしゃべるのとは違う日本語の難しさがあるのだ。テッド君はこれが苦手だった。もう一つ和文英訳で日本語の文章を英語にする時、日本語の文章の意味はまた難しいものがある。英語と日本語がバイリンガルでしゃべることが出来るということと、英文と日本文を自由に変換できるということは別問題なのである。話し言葉と書き言葉の違いである。

では彼女の場合はどうだろう。彼女の英語は母語ではないものの生活言語である。発音は綺麗で流暢にしゃべることが出来る。バイリンガルである。だが、彼女の日本語は、話し言葉のレベルは、日々上達を遂げつつあるものの、書き言葉は漢字の壁に阻まれ、まだまだの域である。テッド君と同様の、否、テッド君以上に日本語の理解ではまだ初心者の段階である。だから英文和訳は英語の意味は分かっても日本語にする段階で出来なくなるし、和文英訳は先ず日本語の意味が取れないことがある。彼女はいつも日本語の表現を間違えて満点に届かなかったが、三学期でようやく念願の満点を取ったのであった。

ある日のこと「先生、この文おかしいですね」と彼女。「どれどれ‥次の文を疑問文にしなさい‥‥えーっと I went to the park yesterday.（私は昨日公園に行った）‥だね、そうすると答えは‥Did I go to the park yesterday?　（私は昨日公園に行きましたか）ということになるかな。そんで、どこがおかしい？」と私。「この人自分のことなのに何で自分が公園に行ったかどうかわからない？　おかしいでしょう‥それと I am a girl. を疑問文にして Am I a girl?　（私は女の子か）‥見ればわかるでしょ、こんな文あり得ない」。例文を少しづつ変化させ応答を練習するやり方をパターン・プラクティスというのだが、例文の中にはかなり非現実的なものがあるのは事実だ。Are you a girl?　（君、女の子か？）‥‥なんて失礼なことを言えば相手からぶっ飛ばされるかもしれない。あり得ない文章を練習するのはあまり得策ではない。

さて小倉南高校は二学期が始まり、うだるような暑さもようやく衰えて、夕暮れと共に涼しい空気が流れ込んでくる過ごしやすい季節になりつつある。後二週間もすれば中間考査が始まる今、夏休み、しばし故郷フィリピンでリフレッシュしてきた Nory の奮闘の日々が再開された。依然日本語の字句・表現の多い科目は難敵である。専門用語に満ちた国語・保健・家庭科などが彼女を悩ませる。外国人生徒、日本語を母語としない生徒たちに対して、日本語を訳せばいいというものではないことは、以前にも述べたが、最近もこんなことがあった。国語の問題である。

【問題】（　）内に同じ語句を入れよ。

河は（　）時も（　）

正解は（流れ）である。日本語では、河はもちろんのことであるが、比喩として時間も「流れる」と表現する。日本語圏の人間なら、答は容易に想像がつくだろう。だが、欧米ではどうだろう。やはり時は流れると表現するのだろうか。次の表現を見てほしい。

Time flies like an arrow.　光陰矢の如し

時は「飛び去る」のである。決して流れることはない。文化が違えば表現も変わる。予め「時が流れる」という表現に対する知識があって、初めてわかる問題である。だから、語句を訳しただけではわからない、言葉は文化を基盤として、その上に成り立つものだからである。これは典型的な例である。他の教科でも漢字がぎっしり並び、奮闘する彼女を困惑させる。

だが彼女は決して弱音を吐くことはない。昼間の仕事で疲れた身体で授業を受ける、定時制高校の授業は睡魔が襲う。眠い目をこすりながら彼女の奮闘は続く。「Are you OK, Nory?」

「はあい、せんせい、It's OK　だいじょうぶ」

頑張れ Nory!　ファイティン!!

第二〇話　孤剣ひとり

月日の経つのは早いものだということを実感した昨年の一年間だった。一月二月はNory が初めて迎えた学年末の進級試験、それまで学期ごとに優秀な成績を収めてきていた彼女だったが、それでも不安は消せなかったことだろう。結果は無事クリアした。それどころか、年度末に出席状況が良く好成績を収めた生徒に送られる「学業優秀賞」の表彰を受けることが出来た。故郷を離れ言葉の壁に苦しみながら、昼間の仕事と学業を両立させた Nory の努力の賜物であった。その困難がどれほどのものであったか、彼女が経験し克服してきた日々の辛さは、本当のところは私たちには分からないような気がする。一つ確かなことはどんな状況でも彼女は決して音を上げず、ポジティブに生きてきたということである。そして当初一年だけ予定されていた私の帰国生・外国人生徒のサポート特任業務が次の年まで延長された。Nory との二人三脚レースは二年目に入った。私は定年を迎えた時、思い立ったことが一つあった。いや、正直に告白すれば、思い立ったことは一つではない、いっぱいあった。人は退職すれば暇になるという世間の思い込みがある。毎日が日曜みたいなものだという意味で「サンデー毎日」などと揶揄する向きさえある。断言する！　人は退職して暇などにはならない。退職すれば今まで我慢してきたことをやり始めることで、人は忙しくなるのだ。いや勿論すべての人がそうだとは言わない。引き続き仕事をする人もいる、日本の現状は頑張って定年まで働いてきても、それで悠々自適で退職後を楽しめるほど、甘くはない。収めた税金を何処に使ってしまったのか、政治が悪いのか、GNPやGDPの数字におだてられ、いい気になっていたら、肥え太ったのは大企業ばかりで私たちの生活は一向に良くはなっていなかったことにようやく気付かされたのか、それは不明だが、世の中は働かねば生活していけない人の方が圧倒的だという厳然たる事実はある。だが、それにしてもやっぱり忙しいのだ。暇ではない。そして、もう一つ、くすぶっていた趣味の燃えさしに再び火がついて、忙しくなるということも往々にしてあると言える。楽器店に行ってみよ。かつてのギター小僧を蓬髪とさせる中高年のおじさんたちが、購入しようかどうしようかと常に店内を徘徊、失礼、検討している姿を見かけることがあるだろう。そして、思い切って若い時には買えなかったギターに手を伸ばし、試奏し、心が燃え上がり、清水の舞台から飛び降りた気持ちで高価なギター購入の決心をするのだ。ま、それは一例だが退職を機に好きなことに手を出すことはよくあることですわな。かくいう私も今まで我慢してきた…これには妻から「何を我慢してきたと言うの？　好き勝手やってきて！」と反論がくるかも知れないが、まついいではないか話を進めよう。私は再任用を終えた六十三歳の年に始めたことがある。何を始めたのか、何を隠そう、私は若い時は剣道少年だったのだ。♪剣をとっては日本一の～夢は大きい少年剣士♪ …だったのだ。ところが大学の時、たまたま友人に誘われて観たブルース・リーの映画に魂を奪われ、これだ、これが武術だ！と打ちのめされた私は、数日後中国拳法の道場の門を叩き、入門を果たす。武田鉄矢さんのお母さんなら「こん馬鹿ちんがぁ、すぐにのぼせてしもて！」と一括されるところであるが、親元を離れ一人暮らしをしていた私を止める者もおらず、中国拳法、空手、フェンシングと好き勝手に武術の世界にのめりこむ私であった。話を戻そう。剣道は中途半端な形で二十五、六歳頃までやっていたのだが、三段を取ったところで中断してしまった。教師になり部活動の指導には携わっていたものの、自分自身の道場稽古の修行はそこで止まってしまっていた。ところがである。この話は先ほどの、「人は退職すると」という話に、見事に…かどうかはわからないが、つながるのである。私は色々やってみたかった事の一つが剣道だったのである。躊躇はあった。何と四十年近くブランクがある中で、あの激しい動きが出来るのかということである。若い時から間断なく修行してきている人はいい。実際剣道家には七十歳、八十歳でも衰えず後進の模範となる高段者は少なからず存在する。そういう人たちは若い時にあったが、今は衰えた俊敏さや体力を補って余りある極意を習得し、実際若い修行者たちが敵わない力を備えている人が多い。だが、自分は全くのブランク期間を経て当時の実力よりは確実に退化していることは否めないわけで、むしろ初心者と言った方がよい。なのでもう一度と思い立ってからも剣道場の前を車で通る度、寄ってみようか、いやまだまだ…などと無為な逡巡を繰り返していたわけであった。だが、ある時意を決して道場の門を叩いた。稽古場にいた方たちに「あのぉ、すみません。私のような初心者でも練習が出来ましょうか」と問うと「あそこにいる方は七十歳から初めて剣道を始め、今二段です」と紹介された。そこには髪の真っ白な七十代後半と思われる年配の方が元気に素振りをされていた。見れば道場にいるほとんどの方が自分より年上の人ばかりで、これなら自分も出来るかも知れないと、入門を決意したのだった。ちなみに道場主は私の入門当時七十四歳、範士八段の高段者であった。剣道は以前は九段という日本に数名のみ存在する剣士がいたが、現在は八段が最高位で、尚且つ段位とは別に範士という称号の資格を持つとなると、これはもう希少な存在だと言える。毎年八段の昇段審査があるが、千人くらいの受験者のうち合格者は前回など、わずか七人であった。つまり範士八段の道場主は私ら門下生にとっては神のような存在と言えるのだ。更に七段の先生方、そのほとんどが私よりも年配の高段者だが、十数名、五段六段が三名、四段が一人、三段が二名、二段が一人という逆ピラミッドを形成する珍しい構成の道場であった。かくして私の四十年のブランクを経ての剣道再修業が始まったわけであるが、去年は修行開始から三年目にあたり、一昨年から受審しだした昇段審査で昨年の夏、私はようやく四段に合格した（現在は五段を取得）。実はこの夏の審査に先駆け、再開の剣道人生上、大きな出来事が私に起こった。それは五月、福岡市とは姉妹都市にあたるフランスはボルドーにて毎年行われている国際親善剣道交流事業に高段者の先生方に交じって同行させてもらったのだ。十日間という長丁場の旅はなかなか有意義な内容であったが、それはまた次回の報告とさせてもらいたい。

第二一話　剣道部結成

剣道についてもう少し書いておきたい。話は第二次世界大戦に遡る。戦後ＧＨＱなどから剣道は軍事的技術であり、国民に軍国主義を養成するものと警戒され、学校教育での正課の取り扱いは無論、課外活動でも一切禁止されたという歴史がある。もはや剣道や柔道、弓道などは軍国主義に走る危険なものではなくなり、民主的スポーツに生まれ変わったので許可してほしいという、マッカーサーに提出された要請が承認されるに至り、ようやく一九五〇年、学校教育の一環として認められたのだ。様々な変遷があったが、二〇一二年の新学習指導要領においては中学一、二年生では男女共に必修、三年から選択となっている。剣道の教書を読めば、殺傷の技術ではなく、精神を鍛錬し、お互いの人格を尊重する事こそが目指す目標だとある。確かに始まりは人を斬る技術であったろうが、それのみでは現代まで綿々と続く歴史には成り得なかっただろう。なればこそ技術は精神の陶冶に裏打ちされたものでなければならず、修養を積むほどに人格面も高まると言われる所以であろう。実際自分も、高段者は人格者であると感じることは少なからずあった。中学・高校の剣道部時代の自分は稽古における勝敗にこだわり、優越感と劣等感の間を行き来したり、先輩の指導が自分への意地悪に思え、小さな自分に閉じこもっていた経験をした。技術面の向上しか頭に無く、精神面のことまで理解できていなかったと言える。だが今、道場稽古に行き、自分より更に年上の高段者の先生方に教わっていると、なかなか上達しない自分に対して、実に根気よく教えていただくわけで、実は教える方も教える方でそれは大変な作業であって、その大変な作業を嫌な顔一つせず丁寧に教えていただく過程で、先生方には確かに強いだけではない、人格の高潔さというものを感じるのである。マッカーサーに剣道のその高尚な精神が伝わったかどうかは定かではないが、剣道やその他の武道は軍国主義を助長する危険な道具として葬り去られる運命を免れたのである。

ところで定時制にも全日制同様、地区大会、県大会、全国大会へとつながる部活動がある。但し日中仕事をしている定時制生徒にとって、活動はきわめて困難である。部活動は放課後の時間帯であり、放課後とは四時間目以降の時間となるので、九時一五分終礼で部活開始は概ね二〇分頃からとなろうか。体育の授業のために夜間照明はあり、グラウンドでも野球や陸上競技、サッカーなどの活動は出来るが、学校周囲には住宅もあるので、深夜明々と照明をすれば眩しいとクレームが来ることもあり、遅くとも一一時頃までには終えなければならず、なかなか十分な時間は確保できない。更にもう二十年以上にもなろうか、県立学校は民間の警備会社と提携し、夜間は全面機械警備となった。学校は特別な事情がない限り警備開始時刻の午後一〇時までには生徒職員共に退出しなければならなくなり、九時二〇分から三〇分ほどの時間では準備運動程度しか出来ず、放課後の部活動は実質出来なくなったのだ。仕事をしていない生徒は始業前に来て練習することも出来るが、ギリギリの時間まで仕事がある子はそうもいかず、部活動は次第に衰退せざるを得なくなった。

私が二校目の定時制高校に転勤した時のことだ。転勤先の生徒指導部長から「あんた剣道部をもってくれんかな。全日制やめてうちに来た生徒がいるが、剣道やっとったらしい。剣道したいと言っとるが指導者がおらんので部が開設できんかった。あんたが持ってくれたら有難い」と言うので、特に断る理由もなかったので引き受けることにしたが、彼は更に「剣道をやりたいという子たちが他に二人ほどおる。一人は中学の時やったことがあると言うとるが、もう一人は初心者、それと三人中二人は問題行動を起こして謹慎が終わったばかりや。この子たちを剣道を通じて更生させてほしい。あんたしかおらん」。問題児たちを剣道部でまとめて監督しろと言うのだ。一緒にやろうというのならともかく、後は頼むと言う。この生徒指導部長、何という押し付け、何という無責任野郎かと怒ったが、しかし、こんなことをされると天邪鬼の私は（ようし、やってやろうじゃないか、見とれよ！）と発奮するたちである。怒りをエネルギーに変えて剣道部の活動を開始した。さて剣道場での初めての顔合わせ、転任してきた教師に対して在校生の子たちが、教師を新参者として扱うことはよくあることである。自分たちの方が先輩であり、学校のことはよく知っているから従えという感覚である。それはある意味順当な部分もあり、私も分からないことを生徒に聞くことに抵抗はないので遠慮なく聞くことにしている。この男子一人女子二人の三人は、今度やってきた四十過ぎの風采の上がらぬオジさんを、剣道部の顧問だというが何ぼのもんかい、と品定めしながら、ニヤニヤ笑って見ていたが、それはこちらも想定内であった。「じゃあ今日は先ず素振りからやってみようか」と言うと「えーっ、うち中学ん時やってたから剣道出来るよ」と口をとがらす。「ほぉそうか、そうか、じゃちょっと竹刀持って素振り見せてくれるか」「ええよ」てなもんで、竹刀を振らせてみるとその子の素振りは餅つきさながらであった。もう一人は「どっちで持つん？」と竹刀を右手と左手で交互に持ち替えている。そんな彼女たちをニヤニヤ笑いながら見ていたのは、中学から高校まで剣道を続けていたが、その高校を退学し、定時制に編入してきた子であった。退学後は仕事をしながら定時制に通ってきていたが、竹刀を握ることもなく、かつ喫煙、シンナー、万引きと問題行動を重ねていた。その子が中退した私学は剣道の強豪校であり、二段を持っていたことからもかなりの実力であったことは想像できたが、何があったのだろう、出会った時の彼には剣道をやっていた覇気は感じられず、ただ強豪校の部員であったというプライドだけが残っており、素振り見せてくれという要求には「俺は素振、ええよ」と拒否をした。この子には先ずきちんと今の自分と向き合わせるということが大事であろうと思われた。「よし、じゃあ次から稽古に入るから、持ってる人は稽古着持ってきて」ということで初日は終った。次の日、彼は剣道着を持ってきた。着けてみると現役の時より痩せていたのか、道着が大きめではあったが、なるほど着装には有段者の空気があって、初心者の二人は「カッコいい」などと言っている。袴の後ろには剣道強豪校の校名が刺繍されていた。「じゃあ、ちょっとやってみようか」と言って私は彼と竹刀を合わせた。気軽に開始したが、実はここは一番大事な局面であった。剣道は勝ち負けではないが、自分より明らかに弱い相手の言うことを素直に聞く人間はあまりいない。ましてや彼のように何かがあって当初の高校を退学して定時制に来ている子がどんな挫折を経験したのか、何を抱えているのかわからないが、一旦捨てた剣道を素直にとらえる心の状態にはないだろうことは容易に推測できた。

「やぁーめーん」いきなり飛び込みざま打ってきた面打ちは彼の自信の技か、かなり素早かった。剣先をいなし、体を入れ替えて彼の身体を泳がせると、やや驚いたようだったが、すぐに二の技を繰り出してきた。それを再び竹刀でいなして二度三度かわすと、早くも彼の息があらくなって体が傾いてきた。彼が四度目、小手を打ってきたのを抜いて面を打つとカポーンと乾いた音がした。普通はここで相手との技量の差を知るのだが、そこから彼はむきになって打ってきた。息が乱れ明らかに稽古不足の彼の技は全部流れる結果になった。ものの五、六分だったのであろうが、彼が両手をついてうずくまった所で、最初の稽古は終了した。目を見張る二人の子を横に「これから剣道続けたいのなら、また練習に来い」と声をかけたが返事はなかった。一番元気な高校生でも練習から遠ざかれば技量は後退する。簡単に勝てそうに見える四十過ぎのオジさんにも、自分は勝てないのだという現実を彼にわからせるのが、この時一番大切なことだったのだ。
一週間後、「先生、俺剣道したい」と照れたような表情で、職員室に彼はやってきた。
大会が二か月後に迫っていた。

第二二話　健介立つ

　全日制の剣道強豪校を退学し、定時制にやってきて、悶々とした日々を送っていた健介が、もう一度剣道をやってみようと思ってから一週間がたっていた。道場に彼と一緒にやってきた二人の女の子は、基礎稽古で音を上げた。初心者ながら試合に出ようとした心意気は大いに買えるが、いかんせん野球・ソフトボールなど小さい時からやったことがあるなじみのあるスポーツと違い、剣道や柔道、空手などの格技は、初心者と経験者の差には決定的なものがある。初心者がビギナーズ・ラックで勝つことなど、先ずない領域である。先ずは地道に基礎練習を重ねることからしか始まらないわけで、試合に出るレベルに達するにはかなりの稽古を積まねばならず、それは極めて地味で退屈な作業となる。彼女たちにはそこまでの気持ちはなかった。いや、だからと言って、私は剣道をやってみようとする初心者を否定する気は毛頭ない。かつて全日制高校にいた時は、「竹刀を初めて握る者大歓迎、最初から教えます」という事でやっていた。仮に高校から始めても、毎日地道に稽古をしていれば次第に上達をするものだし、実際一年から始めて三年時には初段、二段を取る子も出てくるものなのだ。無論試合に出て活躍する子もいる。しかし、そういう毎日練習が出来る全日制の子たちに比べれば、定時制の子たちには練習できる時間が圧倒的に少なく、基礎練習に費やしているうちに時間はどんどん経ってしまい、試合に出るレベルまで達することは難しい。必然経験者の子たちでないとなかなか部活動としての剣道は成立しない。ましてや大会は入学後間もない六月、七月、初心者の子が試合に出るのは至難の業と言えよう。

　しかし、健介は体力気力が落ちているとは言え、二段を取得し全日制での活動経験者である。磨けば光る、鍛えれば輝く素地はあった。二人の女の子が応援に回った中で、私と健介の練習が続いた。タバコやシンナーが抜ければもとより運動神経はいいし、体力も戻ってくるし、テクニックだけであしらっていた私も段々息せき切って応じなければならないようになってきた。そんな折、全日制の剣道部の顧問の先生から、「全日制の練習に連れてきませんか」と言っていただき、本人の行ってみたいという前向きの気持ちもあり、ご厚意に甘えることにした。きつい稽古についていけるかなという懸念もあったが、ついていけないならついていけないで、それはそれで勉強になるだろうと思った。当日、必死で頑張る健介の姿を目にして、連れてきて良かったと思ったことである。全日制部員の子たちや顧問の先生には本当に感謝している。

さて試合当日である。これまた定時制の特徴でもあるが、部活動をしている部員数は全日制に比べればはるかに少なく、団体競技のチーム編成が難しい競技も少なくない。剣道は団体五人であり、では一つの学校で剣道を五人もやっている学校があるかと言えば、定時制・通信制を備え、学校規模が大きい博多青松高以外には先ず見当たらない。したがって地区大会は成立が難しく、いきなり県大会と成らざるを得ない。この県大会、個人戦が彼の復帰第一戦となった。会場には応援に駆け付けた父親の姿もあり、いささか緊張気味の表情の健介に「やるだけやったんだから、思い切っていってこい」と言って送り出した。前に述べた理由で大会出場者の多くは有段者であり、年齢も様々な定時制の生徒たちの中には堂々たる貫禄を備えた剣士も出場している。そんな中に交じって、細身の彼の姿はちょっと華奢に見えなくもなかったが、若さと敏捷さが彼の武器だと信じることにした。

試合が始まった。最初はお互い緊張していたのか、掛け声だけが続いてなかなか打ち込もうとしなかったが、

「め〜ん！」といきなり健介が面打ちに出て、相手がひるんだところを再度面打ちに行くと、これが決まり審判の「面あり」の声が響いた。「よっしゃあ」と喜び二本目が始まったが、二度目の面打ちに行ったところを出会い頭に小手を打たれ、勝負は三本目にもつれ込んだ。小競り合いが続き、なかなか決まり手には欠いたが、終了時間の間際に健介が再び面打ちを決め、見事一回戦を突破したのだった。彼の二回戦が始まる直前に私は審判の順番がまわってきて見ることが出来ず、隣のパートを気にしながらの審判業務だったが、終了間際にワーッと歓声が上がり、ちらっと横目で見ると健介の方に旗が上がっていた。いよいよ三回戦、この調子で一気に優勝をと欲が出たが、世の中そうそう甘くはない。健介同様、全日制剣道強豪校を中退してきた選手と当たり、これは一気にストレート負けを喫した。まあでもここまで来れて満足だなと、本人も私も思っていたら、何と健介が個人戦七位になり、剣道団体戦はメンバー五人補欠二人の七人編成なので、福岡県代表として全国大会に行けるようになったのである。ちなみに健介を下した相手が個人戦の優勝者となり、全国大会団体戦福岡県代表チームの主将となった。翌日の職員室がその話題で沸き立ったのは言うまでもない。協力いただいた全日制顧問の先生にも喜んでいただけた。

ところで高体連（全国高等学校体育連盟）という言葉は皆さんも時々聞くところだろうと思うが、この組織には定時制・通信制部があり、略して定体連と呼ぶことがある。言葉の響きがあまり景気よくないのでいやなのだが、代わる呼称がないのでまあ仕方がないとして、定体連全国大会の会場は東京である。剣道・柔道は日本武道館、陸上競技は当時の国立競技場、テニスは有明コロシアムなど、その世界の選手たちにとっては夢のような会場である。

「おい健介、武道館だぜ、武道館！　あのビートルズが来た武道館で試合が出来るんだぜ、わかっとんかい！」とやたら興奮しまくる顧問をよそ目に「ふ〜ん」と涼しい顔をしていたが、憧れの東京に行けることは彼にとっても嬉しいことには違いなかった。全国大会まであまり時間はないが、折角つかんだチャンスを精一杯生かして、あまりいいこともなかったかも知れない彼の高校生活で、キラリと光る思い出にしてもらいたかった。

そしていよいよ定体連剣道全国大会がやってきた。福岡県代表選手団は大会前日、福岡空港に集合し、東京へと飛んだ。到着後、会場の下見と軽い稽古を終え宿舎へと向かった。先に述べたように陸上競技なら国立競技場、剣道・柔道なら武道館、テニスなら有明コロシアムといった文句なしの会場である。それぞれの会場への思いは、選手たちより引率の教師の方が深かったろう。それは年代的に当然であるが、「ワオー！　聖火台やぁ、あのままの形で残っとる！」と叫ぶ教師の脳裏にはあの日、最初の東京オリンピック開会式で、坂井選手が競技場の階段を駆け上り聖火を点火したあの場面が鮮やかに蘇ったろうし、「ここが武道館かぁ！　ビートルズはどこらへんで演奏したんやろう？」と興奮する教師の目には少年の輝きが宿っていたに違いない。しかし、生徒はそうはならないのだ。

「何？　あっこのスタンドに立っとる巨大なゴブレットみたいな真っ黒いもんは？」と聖火台を指さすやつや「へえ武道館って色々なグループがライブやってる割には狭いねぇ」と言った反応が関の山である。まっいいのだ。生徒が知らなければ我々教師がその分感激すればいいのだ。どうってことはない、どうってことは・・・と独りごちて生徒の練習風景を見る。さて大会の結果はと言えば、男子は例年三位までには食い込んできた福岡県だったが、この時は残念ながら二回戦で敗退の憂き目に遭う結果となった。大将を務めた子は健介同様、全日制剣道強豪校を退学して定時制に入って来たなかなかの選手だったが、試合の途中で眠狂四郎よろしく、竹刀を持った手を離し、丸く円を描くように頭上に持っていき上段をとるという、はったりとも何ともつかない癖があり、県大会の時は逡巡した相手がひるんだすきに面が決まったという場面があったのだが、さすがに全国大会ではそんな奇策は通じない。両手を離し頭上にもっていく途中で、カポーンと相手に面を打たれて敗退した。健介は元気よく動き回り、手数も出したが及ばず敗退、男子チームの上位進出はかなわなかった。女子チームが準優勝を勝ち取ったのはさすがであった。

福岡空港に帰ってくると、健介のお父さんが迎えにこられていた。大会参加者のネームが入った剣道のタオルをお土産に渡すと、お父さんは涙ぐまれんばかりに喜んで下さった。帰路、車で健介の頑張りを伝えると我が子の成長と頑張りに感動したお父さんから「いやあ先生、実は私んところの家系は古くは村上水軍の一族でして、私はその末裔にあたりましてな・・・」と話が止まらなくなった。健介が「何なん？　その何とかすいぐんちゅうやつは？」と聞くと「いや実はお前には言ってなかったが、我が家には先祖代々伝わる秘密があるんじゃ、実は・・・」とお父さんの話はいよいよ熱を帯びてくるのだった。地理的にも歴史的にも考えにくい村上水軍先祖説だったが、まあいいのだ、この親子の先祖が村上水軍だとして誰も困る者はいない。それよりお父さんが、全日制から定時制に来てふてくされていた我が子が、定体連剣道大会をきっかけに、生き生きとした表情を取り戻し、立ち直ってくれたことを心底喜んだという事実こそが大切なのだ。

卒業の年、健介が活躍して以降、剣道部への入門希望者もなく、部は再び休部状態となる。

剣道の話題が続いたが、実は定時制、全日制共に近年、剣道部の活動は停滞している。体育科教師の剣道専門家の数が減少している。無論青少年の剣道人口の減少もある。だが、折角小学校、中学校と剣道をやってきても高校に剣道部がないのでやめて他のスポーツをする子が増えてきている。それは日本全体としての剣道人口の減少につながる結果となる。

ところが面白いことに海外は逆である。剣道人口も多く年々盛んになってきている韓国を始め、格闘技全般が盛んなフランス、オランダ、イギリス、スペイン、ベトナム、中国など、まだまだ少数ではあるものの、年々剣道人口は増加しているのだ。それは剣道経験者の国際結婚により家族が始めたもの、日本への留学生が剣道文化に触れ稽古を始め、帰国してからも続けているもの、ウェブで日本文化を知り剣道の修行のために留学してくるもの等、その普及の形態は様々であるが、確実に広がりつつあることは事実である。今年はコロナ禍により中止になったが剣道の世界大会は、前回の韓国大会に続き、本来なら今年はパリで開催される筈だったのだ。加えて各地区の剣道連盟単位での海外諸国との国際親善交流も盛んに行われており、高段者の先生方には毎年フランス、オランダ、イギリスでの定期稽古を継続して取り組んでいる方も少なくない。かくいう小生も昨年のフランス・ボルドー国際親善交流事業には通訳として随行し、フランスの剣士たちと竹刀を交えて汗を流した。更にその年の暮れには、かつて来日して働いていた韓国人の青年が、今は帰国しIT関連の会社で働いているのだが、彼が通っている道場の師範のご厚意により一緒に稽古をさせていただき、いい汗を流し、稽古後には美味い韓国料理を共に味わった。今年は本来なら、道場の先生や青年たちが来日し、日本の道場で稽古をするという約束になっていたのだが、コロナのせいで実現できなかったのは痛恨の極みである。日韓関係の悪化が取り沙汰されているが、マスメディアの過剰な煽りや一方的な報道偏重の問題もそこにはある。国と国との問題になると、とかく感情的にエスカレートしがちだが、冷静に考えれば人と人との関係が根本なのだと思う。少なくとも私は韓国人の友人たちとじっくり話をして、解りあえなかったという経験はない。ましてや剣道を通じてお互いを尊重し、敬愛する精神を失いさえしなければ、人間と人間なのだからきっと通じ合えると信じている。定時制の子たちに国際交流行事を通じて、沢山の留学生や研修生たちとの交流を図ってきたのもそんな思いからである。ましてやスポーツもそうだが、歌やダンス、双方の国の文化、またはゲームでもいい、共通の趣味や夢中になれることを通じて意志の疎通を図っていけば、肌の色や目の色が違おうが、言葉が異なろうが、お互いの気持ちも解りあえると思うのである。定時制の子たちには、小さく狭くなりがちな世界を思いっきり広げてやりたい。それが定時制高校の使命だと思うからである。

第二三話　Nory の贈る言葉

「産医師異国に向こう産後薬なく産(さ)帰(ぷ)み社に虫さんざん闇に鳴く」

「じんむ・すいぜい・あんねい・いとく・こうしょう・こうあん・こうれい・こうげん・かいか・すじん・すいにん・けいこう・せいむ・ちゅうあい・おうじん・にんとく・りちゅう・はんぜい・いんぎょう・あんこう・・・」

「水兵リーベぼくの船、なあ曲がるシップスクラークか」これらの「呪文」を見てピンとくるのはある世代以上の人々であろう。無論私もその世代に含まれている。

最初は円周率小数第二十位まで、二番目は歴代天皇二十代まで(実在については異説あり)、最後は元素周期表である。いや、それがどうした？　こんなん覚えて何の役にたつ？　と言う向きもあろう。その通りである。筆者もかつてそう思った。だが当時の教育はこれらを覚えることを強要した。ただし円周率は私たちの時代は少数第二位までだったし、一時期、小学校の指導要領では、「目的に応じて三を用いる」と記述されたこともある。また歴代天皇を暗記させたのは戦前教育である。ただ元素の周期表は今でも覚えなければならない。ところでこれらの難解な暗記の必要の有無は、今日の本題ではない。本稿では以前 Nory の話を取り上げたことがある。彼女は両親の国際結婚によりフィリピンから来日、現在は本校定時制課程の三年生に進級し、昼間働きながら、依然無遅刻無欠席で全科目優秀な成績を修めつつ、夢に向かって努力している。彼女の課題は漢字の習得である。漢字の「へん」や「つくり」や「かまえ」にはそれぞれ意味がある。それらに助けられて私たちは漢字を読んだり覚えたり書いたりしている。例えば「砂漠」を思い浮かべてみよう。石が少なく粒ばかりの

「砂」の土地であり、また「氵」には「水」の意味があるが、その水がないから「漠」である。よって「砂漠」を「さばく」と読み、書き、イメージも出来るのである。だが、小学校から培われた基礎がない Nory にとってはそれは至難の業である。「へん」も「つくり」も「かんむり」も似たような形の組み合わせである膨大な量の漢字を、一つひとつ記憶していくことから始めるしかないのである。しかも、彼女の困難は漢字だけではない。元素の周期表の話に戻ろう。これを暗記するためには水兵リーベという名前の sailor 「船乗り」がいて、船に乗って航海に出る話からしなければ役には立たず、それは彼女にとって覚えなければならないことを更に増やすだけになり、たやすく暗記する秘訣でも何でもないことだ。円周率にしても「ある産婦人科の医師が患者の出産のために外国に向かうが、無事出産したものの産後に薬がなく、仕方なく帰国したが、帰ってみると医院は荒れ果て明かりもつかない真っ暗な中で、虫が鳴いているのが闇に響くばかりだった」という話の理解がないと暗記には役立たない。では彼女はどうやって元素の周期表を覚えているのだろうか？ 私はそれが不思議で時々彼女に問いかけるが、答えはいつもほぼ同じである。丸暗記である。繰り返し繰り返し、呪文のように唱え、丸ごと記憶するのである。

彼女は今までこうして驚異の記憶力で乗り切ってきた。こういった短期記憶の力は若さゆえのことではある。筆者も以前は短期記憶には自信があったが、ピークは小学校高学年だったような気がする。それは高校時代までに緩やかな下降線を描き、年々衰退し初期高齢者になった今、一気に下降し今日のことでさえ記憶に残らぬこともある。だから、生活や文化の基盤も違い、言語基盤も違う中での彼女の暗記力は、殊更驚かされるのだ。

閑話休題、最近面白いことがあった。英語の授業は、Nory にとっては勿論得意分野なのだが、英語と日本語の双方向の学習なので日本語を学ぶことに重点を置いている。こないだ英単語を日本語にするプリントの解答欄に、彼女が help を「助けて」、wait を「待って」と書いていたのには、思わず笑ってしまった。いや通常は単語の意味は終止形・辞書形で書く。この場合は「助ける」「待つ」が正解である。しかし、日常生活で目にする help や wait は確かに彼女の答えの如く、「助けて」や「待って」の意味で使う頻度の方が高いだろう。担当教師はもちろん正解にした。単語の意味は終止形・辞書形で書くのを当然とする我々の思考回路をたまには再起動し、アップデートすることも必要だろう。当然とすることを疑ってみよう。中一で習った Father はお父さん、Mother はお母さん、ホントにそうか? ネイティブにとっては Father Mother は父上・母上の響きがある。Dad や Mom の方が自然だろう・・なんてことが英語学習の中には多々あるのだ。

シュークリームを食べたいなら cream puff と言わなきゃ。shoe cream（靴ずみ）が出てきたらどうすんだ。Are you a girl?「あなたは女の子ですか」などというぶしつけな質問をしたら怒った相手にぶっ飛ばされるぞ。Did I visit your house?「私は昨日あなたの家を訪れたか?」という例文を見た Nory は、この人は認知症なの? と心配していたぞ。ハハハこれらは笑い話ではない。英語の教科書に載っている、れっきとした例文なのだから厄介なのだ。更にもう一つ、最近日常会話の中で頻繁に使われているわけではなく、使える外来語としての市民権を得ているわけでもない外国語を使っている場面をよく見る。コロナに関して go to は感染防止に逆行するという意見の反論として「go to が感染を広げたというエビデンスはない」・・と言った具合に使われているのだが、何故「証拠」と言わず evidence なのか、疑問を感じざるを得ない。元来、過度に外来語を差しはさむのは、相手の知らない言葉で煙にまいて誤魔化すか、内容のない自説に箔をつける時であろう。それが政治の世界で多用されているという実態に肌寒さを覚える。今の状況が　No problem「問題なし」なのか、No program「無策」なのか混沌とした時代である。
コロナは相変わらず猛威を振るい学校現場も休校措置やリモート授業の実施などを経て、今もマスク着用、手洗い励行、換気、全校集会でなく学年集会への少人数化、終業時の教室の消毒など、万全とは言えないまでも、出来うる限りの対策をして教育活動を維持している。
そんな中、三月に行われた卒業式は本来であれば在校生が卒業生を見送る大事な場である。四年間という長きに渡って昼間仕事をし、夕方登校し、眠いのを我慢して授業を受ける。全日制生徒の様に学習時間が確保されているわけでもなく、保護者の経済的・精神的支援がある生徒ばかりでもない。様々な困難を乗り越え卒業にこぎつけるのはたやすい事ではない。「定時制は入学するのは易しいが卒業するのは難しい」と言われる所以である。道半ばで学校を去らざるを得なかった仲間の顔も思い浮かべながら、卒業証書を手にする卒業生たち、そしてその姿を目にしながら、来年は、或いは再来年は自分の番だと胸に刻み、励みにする在校生たち。式が終わり在校生から卒業生に贈られる花束・・・喜び、嬉しさ、淋しさ、涙・・・
そんな光景が繰り広げられるのが卒業式、それは、定時制の生徒や職員にとっては最後の授業であり、四年間の教育の集大成である筈なのだが、コロナは「無観客」という、この間私たちが聞き古した形態での卒業式を強いる結果をもたらした。卒業生以外は保護者（家族から代表一名）、在校生（代表一名・生徒会長）、後は職員PTA代表、同窓会代表のみの参加態勢になった。本来なら旧職員（転任して在籍していないが、かつて卒業生を担当した職員）の参加もあるのだが、今回はなし。仕方のないことであった。

さてそんな中、生徒会長となったNoryは在校生代表として送辞を述べることとなった。まだまだ日本語力が十分ではない彼女だが、スピーチ力・文章力は優れたものがある。先ずは彼女の思いを英文で書いてみる。それを日本語に訳してみる。彼女にピッタリくる表現に修正する。朗読して言いやすい表現に細かい修正を加えていく。これらの行程を経て彼女の言葉が少しずつ自分のものになっていくのだ。ところでこの時期全国の高校生たちが卒業式で答辞・送辞を読む。その多くはほぼ同じ内容となる。「今日の良き日に卒業式を迎えた私たちに、かくも盛大なる式を催していただき、校長先生を始め諸先生がたに感謝申し上げます・・・・」そんな出だしで始まる答辞の文章、それは入学した時の回想から学校行事の振り返り、歓迎遠足や体育祭、文化祭、バス遠足、修学旅行、そして学校を巣立つそれぞれの進路、最後に校長先生を始め諸先生への感謝という筋立てで答辞を締めくくる。代表以外の生徒たちはそれぞれの高校生活で体験したことを重ねつつ聞くから、それはそれで感動し、涙を浮かべる場面となる。

がしかし、私はその言葉遣いや表現に、高校生としての彼らしからぬ或る種の違和感を感じることが多々あるのである。先ず文章全体を通して流れているトーンは現代の高校生と教職員の関係を感じるものではなく、昭和の初期かそれ以前の師弟関係を思わせる口調であり、何処の世界の教師と生徒？と感じられて仕方がない。ため口で書けと言ってるのではない。もっと今の教師と生徒の関係を表すような口調が探せるのではないかと思うのである。細かいことを例に挙げると、「校長先生始め諸先生方・・」これは外部の人間が、学校の代表である校長を先ず最初に挙げ敬意を表し、加えてその他の教職員を総称した表現であるが、生徒は外部の人間ではないし、先ず生徒にとって校長は、先ず最初に挙げたくなるような身近な存在ではないし、残りの教師を諸先生と一括りにするような対置関係でもない。むしろ生徒にとっては担任教師であったり、部活動の顧問教師であったり、ある教科の教師であったり、それぞれの生徒にとって個々の特別な存在の教師がいるわけで、一律「校長先生始め諸先生」と十把一絡げに出来る存在ではない筈で、答辞の文章の表現に使われるのは、言葉を知る者が聞けば、違和感を感じざるを得ないことである。そもそも「諸・・」という一括りの表現は君主が諸(・)侯に訓示したり、主要な連絡の後、諸(・)連絡をしたりと、主役の次の軽々な扱いに対して使う言葉であり、目上の者に使うべきではない語である。では何故全国一律、生徒が答辞を読む冒頭にこの言葉が出てくるのかと言えば、答辞に、それを指導する教師の添削が入るからである。本来生徒は知らないし当然使わないような表現を「冒頭は決まり文句だからこの表現を使いなさい」と指導する教師の仕業である。指導する教師自身が使い方を知らず、その指導に素直に従った結果がこういう間違いを生み出しているのだ。つまり、生徒自身の心から出た彼らの言葉ではないという根本的な問題が、この違和感を生み出していると言える。一事が万事で、「仰げば尊しわが師の恩」的な前近代的なトーンで貫かれ、非日常的な表現を盛り込んだ結果が今の全国一律同じ内容の答辞文と言えるだろう。

だから構成としては〈違和感に満ちた冒頭〉〈生徒の思いの自然な気持がのぞく本文〉〈違和感に満ちた締めくくりの文〉という三層構造を持った、全体的に見ればいいんだけど、どうしても違和感が残る答辞文ということになる。折角の生徒の思いが最後の大切な場面で、百パーセント生かされないのは、返す返すも残念なことだと思うのである。

在校生から卒業生に贈る言葉とて同様の事が言える。〈季節に関する冒頭〉〈学校行事、先輩方は自分たちをリードしてくれて頼もしかったという中盤〉〈自分たちも先輩方に続くという決意の締めくくり〉という筋立てが送辞である。いや、いいんだけど、折角やるんならもっと人間味のある、若者らしい表現で気持ちを綴った方がいいだろうと思うのである。

ところで定時制の卒業式では一味も二味も違う光景が繰り広げられる。使い慣れない言い回しはあまりなく、「わが師の恩」ではなく、「先生有難う」という気持を素直に綴った内容が多い。学校の伝統を後輩に託すのではなく「自分は何度も学校をやめそうになったけど、クラスの仲間たちに励まされて続けることが出来た。支えてくれた仲間たち有難う。先生本当に有難う。後輩たち、くじけそうになったらみんなで助け合って卒業してほしい。そして定時制高校を誇りをもって卒業してほしい」というエールを送るのだ。そこには飾りもなく気負いもなく、自分の気持ちが言葉になって語られ、違和感など微塵もない。定時制高校の卒業式は素晴らしいと感じ続けてきた私である。

さて Nory の送辞を紹介しよう。

Good day to everyone, I would like to say congratulations for accomplishing one of the major milestone of your life and that is high school graduation.

Now I remember high school days when we spent with you all. School Festival is one of the waiting event for everyone and having a corona virus breaks the happiness of it such as runway cosplay and singing contest but still we manage to be happy with the unity and teamwork of everybody. Giving a nice performance coming from us student council takes lots of sacrifices. Why? Practicing individually takes time to learn the step we have to divide groups for keeping us safe from corona plus we have to gather on stage as a whole team in giving a smooth performance. That's why I would like to thank also the teachers who guided us in everything we do in life.

You've work so hard everyday and having a high school diploma is a wonderful tool that opens many doors of opportunity for anyone. We encountered lots of problems in life physical and emotion but we manage to handle it. Stay strong and be patience in life. "Learn from every mistake because every experience, encounter, and particularly your mistakes are there to teach you and force you into being more who you are. And then figure out what is the next right move. And the key to life is to develop an internal moral and emotion that can tell you which way to go." Also I would like to say thank you to all teachers here who help us to build our knowledge and improve our self better. Let's celebrate and have a prosperous year. Once again, congratulations everyone.

今日の良き日に卒業される皆さん、人生の大きな節目である卒業式を迎えられた皆さんに、謹んでお祝いの言葉を贈らせていただきます。

今私たちは卒業生の皆さんと共に過ごした学生生活の日々を思いおこしています。学校行事は私たちみんなにとって待ちに待ったイベントの一つでしたが、コロナはコスプレ・ファッションショーやシンギング・コンテストの楽しみも壊してしまいました。でもそれでも私たちはみんなで団結しチームワークをもって何とか楽しめるようがんばりました。

生徒会では素晴らしいパフォーマンスが出来ましたが、それには沢山の苦労も必要でした。何故でしょうか？私たちはコロナの危険を避ける為にグループに分かれてステップを練習しなければならなかったし、その上にスムーズなパフォーマンスが出来るよう全体でステージに集まって練習しました。そんなことの積み重ねが成功に結び付いたと思っています。そして私たちが活動するのを色んな面で支えて下さった先生方にも感謝しています。毎日勉学と仕事に頑張ってこられた皆さんにとって高校課程を修められたことは、多くの可能性に対して扉を開く、強力な手段となると思います。私たちは人生における沢山の問題に心身ともにかかわり、直面しながらも何とか乗り越えようとしています。人生は心を強く持ち、そして辛抱強くなければなりません。

〝Learn from every mistake.〟「すべての失敗に学べ」ということわざがあります。何故ならすべての体験や出会い、特に失敗したことは私たちを成長させ、そして次に何をなすべきかを見つけ出す力をくれるからです。人生のカギはあなたにどう進むべきかを示す内なるモラルを深めてくれるでしょう。私たちは今日の日と皆さんの栄えある未来を祝福します。皆さんにもう一度言います。

Congratulations!　おめでとうございます。

二〇二一年三月一日　総代　松尾香理林（ノリリン）

第二四話　夜間中学の話

振り返れば定時制高校の現場から、「こんな話がある」「こんな子たちが学んでいるんだ」と色んな話を読者の皆さんにお届けして、はや九年になった。早いものである。その間学校も様変わりして近代設備になった。昔、寒い冬の夜は、教室の真ん中に置かれた石油ストーブを十人足らずで囲み、ゆったりとした時間の流れの中で、時には笑い、時にはしみじみとした面持ちで授業が過ぎたものだった。ストーブは毎回用具室から出してきて、授業が終わればまたしまうという作業がつきものだった。生徒たちが来る前に出すのは職員の仕事だが、しまうのは生徒たちの役割で輪番である。中には年配の方もいる。すると若い子たちが「ええばい、俺がしちゃるばい」などと言って重たいストーブ運びを買って出たりする。「ありがとね」と言った年配の方は、翌日お菓子を「はい、食べんね」とお返ししたりして、ほのぼのとしたいい光景がそこにはあった。あのストーブを囲む空間は今はない。大型エアコンが天井に設置され、コロナ時代になってからはサーキュレーターが教室の前後でうなっている。ストーブを運ぶ作業を介しての交流も当然なくなった。またこんな光景もあった。授業が始まり教室に入ると黒板にチョークで落書きがしてある。多くは取るに足らない落書きなのだが、時々あっと驚くような上手い絵が描いてあることがある。「誰かあ！　この絵描いたんは⁉」と怒鳴ってシーンとなった後「上手いじゃないかあ、これはもうプロやろ」と言うと、どっと笑いが起きたりする。が、しかし今はもう電子黒板の時代である。パソコンの画面がそのまま大きくなったものが黒板の代わりにドーンとあるわけで、スイッチを入れなきゃただの壁である。教師は教室にＵＳＢを持って行き、電子黒板のスイッチを入れることで授業が始まるのだ。生徒の落書きなど出来なくなった。

まあ時代が移ると共に教室の様変わりはあるにしても、学びの主体である生徒自身はそうは変わらない。様々な事情をもって昼間働きながら夕方通ってくる子たち、一旦社会に出たけどもう一度学びなおしを求めてやってくる年配の人たち、色んな事情で義務教育を受ける事すら出来なかった人たちが、時には中学校卒業程度認定試験という難関を経てやってくるのが、定時制高校なのだ。更に近年では帰国生徒や外国人労働者家庭の子どもたちなど、定時制教育のニーズは益々高まっていると言えるだろう。

ところで最近「政府広報オンライン」のページにこんな見出しのページがあるのをご存じだろうか。「夜間（やかん）中学（ちゅうがく）を知っていますか？」サブタイトルとして「さまざまな事情（じじょう）により中学校（ちゅうがっこう）で勉強（べんきょう）することができなかった人（ひと）へ」とある。

小学校・中学校は義務教育である。義務教育とは勉強しなければならない義務ではなく、保護者は子どもに教育を受ける権利を保障する義務があるということである。本来、教育を受けることは権利なのだ。教育は生きる力、だが、様々な理由でそれを阻害され不利益を受けている人たちのために公立の夜間中学がある。全国に三四校一六八七人の人たちが学んでいて、六十歳以上の人も四五六人在籍している。茨城（一校）、埼玉（一校）、千葉（二校）、東京都（八校）、神奈川（二校）、京都（一校）、兵庫（三校）、奈良（三校）、大阪（一一校）、広島（二校）、という分布だが、東北・北海道、四国・九州に公立は一校もない。ただボランティアの手により運営される自主夜間中学は全国にあり、北九州にも八幡西区の【青春学校】、小倉南区の【読み書き教室】などは在日のハルモニ、ハラボジを始め日本人やニューカマーの人々を広く受け入れてきた長い歴史をもつ夜間中学である。青春学校を経て夜間高校に進学した在日二世の張さんの話は第一話で紹介しているとおりである。何故夜間中学の話題かと言えば、今政府計画で全国に公設の夜間中学の計画が持ち上がっている。政府広報オンラインのページの話である。広島県より以西にはない公立夜間中学について文科省は各県と政令指定都市に一校以上の設置を促したことを受け、福岡市教育委員会は二〇二二年に設置開校の方針を固めた。開設されれば、福岡市早良区に定員四〇人、週五日、夜間時制で九科目が設けられるという。

　対象とされるのは「福岡市（ふくおかし）の住民（じゅうみん）基本（きほん）台帳（だいちょう）に登（とう）録（ろく）されており、かつ満（まん）15歳（さい）に達（たっ）した日（ひ）以後（いご）の最初（さいしょ）の3月（がつ）31日（にち）を過（す）ぎた人（ひと）で以下（いか）のいずれかを満（み）たす人（ひと）（国籍（こくせき）は問（と）いません）

・様々（さまざま）な事情（じじょう）により義務（ぎむ）教育（きょういく）を修了（しゅうりょう）していない人（ひと）

・不登校（ふとうこう）などの事情（じじょう）により義務（ぎむ）教育（きょういく）が十分（じゅうぶん）に受（う）けられなかった人（ひと）」。　※福岡市教育委員会HPより

　こうした取り組みが進むのはいいことなのだが、正直私は幾つかの懸念が拭えないのも事実である。この取り組みに先立ち、福岡市・北九州市共に不十分ながらも入学対象者に対してアンケートが取られているが、例えば福岡市では四月、五月で入学希望者が二〇〇人を数えたと言う。アンケートが置かれた施設はごく一部の限られた場所であり、もし広く広報がなされていたら、もっと沢山の希望者があったと思われる。とすれば初年度

だから仕方がないというのかも知れないが、定員四〇人はあまりに小さな受け皿と言わざるを得ない。定員を越える応募者をどうやって選別するのだろうか？

また「国籍は問いません」と明示しているのは、戦争という歴史的事実により、祖国に帰れず日本で生活せざるを得なかった在日朝鮮・韓国人の人々及びその子孫を排除しない事を明確にする意味で、重要な文章であり評価されるが、ニューカマーなどの外国人に対しての文章表現も、もう少し明確な表記がほしいところである。入学対象者の条件を見てほしい。先ず住民基本台帳に載っていること、これは二〇一六（平成二八）年から外国人居住者も対象に含めたことにより、手続きをふめば登録されるようになった。過去には外国人は住民票に登録されず、例えば在日の高校生が就職する際に、試験に合格しても会社に住民票の提出を求められても出せないが為、多大な苦痛を強いられ内定を辞退するといった事態も起きた。現在では住民基本台帳により、改善されつつはあるが、依然本名で生活できないという実態の中で、在日の生徒が悩まなければならないのは不条理と言わざるを得ない。さて住民基本台帳で住所を特定し、かつ次の二つの条件、（一）様々な事情により義務教育を修了していない人、（二）不登校などの事情により義務教育が十分に受けられなかった人、これらの条件を満たしていなければとすると、義務教育に該当しない人はどうなるのか？ ニューカマーの家族で来日した子どもたちは、現行の法律では義務教育の対象外である。児童が就学年齢に達しても行政は通知の義務はない。但し本人家族の希望があれば、入学は許可するものとするとなってはいるが、就学させることについては、極めて消極策である。文部科学省は二〇二〇年三月二七日、「外国人児童生徒等の教育の充実について（報告）」を公表。同日に公表された「外国人の子どもの就学状況等調査結果（確定値）」によると、外国人の子ども一万九四七一人が不就学の可能性にあるというが、実数はもっと多いと推定される。この子らは「義務教育を受けられなかった」わけではないが、満十五歳以降に対象とされないことがないように、より分かりやすい文章表記に出来ないものか？ いっそ思い切って「この国に住む学びなおしをしたいすべての方」などの表現はできないものか？ 三つ目の懸念は、これまで全国各地で営まれてきた自主夜間中学の現場では在日のハルモニ・ハラボジ、学校に通えなかった様々な事情をもつ人たち、不登校だった人もいれば無国籍の青年もいた。その人々に寄り添い、文字を教えながら実は学ぶ人たちの姿に学ばされることも多かったりと、その学び舎には人間的な温かみのある空間があった。公立になるにあたり、教える側が教員免許を持っていること、全ての過程を修了すれば中学校卒業となることは悪いことではなかろう。だが、職業教師が入ることにより、今の学校教育が抱える成果主義や効率偏重など、職業教師であるが故の問題点も同時に持ち込まれれば、それまでに培われた人間的な温かさや一人ひとりを包むゆとりある空間までもが損なわれはしないかと懸念している。教育現場に携わる一員として、私は今教師が置かれている状況は、決して児童・生徒と教師がゆとりをもって向き合える教育的な環境とは思わない。夜間中学に学ぶ人々が求めているのは中学校卒業証書だけではあるまい。公立夜間中学のスタートにあたっては、先ずは教える側が、これまでの自主夜間中学の実践に学ぶことから始めてもらいたいと願うばかりである。

第二五話　Nory 羽ばたく

この原稿を書いているこの時期は、定時制高校四学年の子たちにとっては、学校生活最後の定期考査となる卒業試験と奮闘する時期である。雨の日も風の日もコロナ禍にあっても通ってきた、定時制高校生活の集大成である。Nory にとっても四年前日本にやってきて以来、言葉の壁、不慣れな生活習慣、価値観の異なる異国の生活、それらのすべてを昼間働きながら学費・生活費を捻出しながら乗り越えてきた年月のゴールに近づいたのだ。

振り返れば小倉南高定時制の教務担当の杉山さんから、帰国生・外国人生徒支援業務の話があった四年前、私は定年退職から五年、その間再任用と病休者の代替業務を経て、公的には「福岡県人権研究所外国人部会」と、「日韓市民一〇〇人対話集会」の日本側五〇人のメンバーとしての活動と、外国人技能実習生や国際結婚で来日した外国人を対象とする日本語教室のインストラクターのボランティアをしていて、学校現場からは遠ざかっていた。杉山さんの話では国際結婚により日本人とフィリピン人の両親を持ち、一八歳までフィリピンで育った子が来日することになり、これからのことを考えた両親が教育委員会に相談したところ、定時制高校への入学を勧められたという。両親が小倉南高定時制を訪ねたのは入試まで三か月足らずの十二月であった。日本語が殆ど出来ない子の受け入れは初めてであり、クリアすべき問題は少なからずあった。だが、教職員集団は前向きに考えようと、例えば定時制高校入試には学科試験に加えて作文の試験もあるのだが、この時点で日本語の読む・書く・聞く・話すが殆ど出来ない受験生のため、英語での記述も良しとした。更に入学してからのことを考え色々調べる中で、杉山さんは帰国生・外国人生徒の支援教員加配制度があることを知る。とは言え出来て数年、知る人もまだ少ないこの制度である。引き受け手はいるのか、言語は勿論、生活習慣も異なる生徒に付いて学習面や生活面に渡りサポートする仕事を引き受ける人間が、と模索するが、その時杉山さんの脳裏に古い知己である小生のことが浮かんだ。確かもう退職している筈だがと考えた杉山さんから電話があり、「先生、今暇ですか?」と聞かれ、忙しい筈もない私は「暇っちゃ暇ですが」と答えるしかなかったが、彼の口から説明される話は、帰国生・外国人生徒について全教科に入り本人をサポートするという、好奇心を駆り立てられるに十分魅力的な内容だった。「わかりました。前向きに考えますので少し時間を下さい」と返事をして数日の間に、杉山さんから計三度の電話があった。う〜ん小生ごときに三度も打診をするとは、(これは中国故事における三顧の礼にも匹敵する礼節ではなかろうか)などと大仰に考え「私で良ければ」と答える以外の選択肢は思いつかなかった。小倉南高校から申請された加配要求は県に受理され、北九州では初めてのサポート特任教師となり、四月、入学式の後、本人と両親に初めて対面し「一緒に授業に入り出来るだけのサポートをします」と教務の杉山さんの説明があった時の、本人と両親の安堵の顔は忘れることが出来ない。

Nory の母語はタガログ語と英語である。授業中教師の言葉、プリントに書かれた言葉をやさしい日本語に転換しての説明だけでは無論不十分であるわけで、英語での同時通訳的な補足説明が必要になるが、これは勿論小生の語彙力を遥かに越えるところである。小生の専門は英語であり、第二外国語としてのフランス語、第三外国語としてのスペイン語、趣味で覚えた韓国語(これは会話中心でハングルはいまだ読めない)は挨拶レベルに過ぎない。更に英語が出来ても専門教科以外の科目に出てくる用語は電子辞書がなければお手上げである。火成迸入型花崗岩？　ん？　何それ？「パリ勅令」における聖職叙任規定？　何？　何？　てなもんである。更に更に現代文で扱う私小説に至っては語句を一つひとつ逐語訳してつなげても、作家の言わんとすることは浮かび上がらない。行間を読むこと、言外の意を汲むことは、じっくり国語力を醸成することからしか始まらず、日本語の学習者にとっては、ハイジャンプで二メートル一〇センチのバーを越える難易度に等しいのではなかろうかとさえ思う。漢字圏でない国の学習者にとって漢字が図形でしかない困難は以前述べた。数学や化学などの理系科目に比べ、現代文、日本史、古文・漢文などの科目に対して、Nory がこの四年間に積み重ねた努力には、小生心より敬意を払うものである。Nory は部活動ではバドミントンを四年間続けて、部長になった。生徒会活動では生徒会長になり、リーダーとしての役割も立派に果たした。生徒会長は生徒会活動の企画、生徒会の行事での全校生徒への挨拶・進行と、その役割は多岐にわたる。大変なのである。苦手な日本語でのスピーチはヘルプを求めてくることもある。共同作業が終わって Nory が「先生、ありがとうございました」と言うと私は「No problem. One dollar」と返す。一瞬の後、二人で大笑いになる。

以前彼女に話したことがある。昔私がLAに行った時のことである・・・、おっとカッコつけていうわけではない、ロサンゼルスのことをロスと言う人は多いが。los はスペイン語の定冠詞であり、英語の the にあたる。Los Angeles は「天使たち」という意味の都市名である。ロス〇〇という地名は他にもあるから、ロスというだけでは何処の都市かはわからない。だからLAというのが普通なのである。その時小生ラスベガスにも立ち寄った。カジノの街なのでコンビニや大通り、至る所にギャンブルが出来るスポットがあってビックリしたのだが、もう一つ驚いたのは流石映画の都ハリウッドであった。街を歩いているとパイレーツ・オブ・カリビアンの海賊船の船長ジヤック・スパローやスターウォーズのダース・ベイダーやその手下のストームトルーパーが、あちこちにうろうろしているのだ。しかもジャック船長やダース・ベイダーは一人ではない、至る所で見かけるほどに何人も跋扈している。「へー、さすがハリウッド！」と見とれていると「Take a picture with me ?」と声をかけてくる。「へー、サービスがいいなあ、さすがだ」とにやにやしてワンショット撮ると「One dollar」と言ってくる。「えっ！　ただじゃないのぉ？」としぶしぶ一ドル払うことになる。観光客は街の至る所で同じ体験をすることになるのだが、時には景色を撮っていても「今私を撮った？　一ドルね」と要求されることがある。「No」と言えない観光客はその都度払わなければならない。聞けば彼らは映画会社とは無関係の人間で、個人でコスプレをし、観光客相手に一ドルの日銭を稼いでいる人々らしい。彼らも必死なのである……とそんな話をNory にして以来、何かあれば「one dollar」というギャグになっている。「先生、今日はお世話かけました。ありがとうございました」「Oh, it,s OK, Nory. One dollar!」（爆笑）と言った具合である。時には Two dollars. と値上げバージョンもある。

そんなことをやっているうちに、あっという間に四年間が過ぎ、彼女の卒業が近づいている。学年末考査が終われば彼女の最後の仕事は答辞を読むことである。Nory との最後の共同作業が待っている。この四年間は彼女のサポートをしながら、自分自身も色々学ぶこと多き年月だった。日本語を習得しようとする外国人にとって何が困難なのか、日本文化は何が興味深く何が理解困難なのか、日本人とは？　日本文化とは？　そんなことの数々を Nory との付き合いの中で考えさせられることが沢山あった。また専門外の科目を一緒に受けることとは非常に興味深く、何より楽しかった。自分が高校生の時は試験の為に覚える事に気を取られ、楽しむ余裕などなかったことが、改めて別の角度から考察をすると面白いなあと感じることが多々あった。あれから半世紀五〇年も経っているのに何と因数分解が解けた。微分積分することの意味が初めて理解できた。中世ヨーロッパにおけるフランス、英国、スペインの植民地争奪政争、どろどろした国家間の政略結婚の史実などは芸能スキャンダルを見ているようでワクワクした。悠久の大自然から見れば人類など新参者に過ぎない地球の歴史、人類は大先輩ミトコンドリアに敬意を払わんといけんだろうとも思った・・・等々学ぶことは何と好奇心を刺激する活動であることか。この調子で Nory と一緒に学習していけば次の年、自分は大学入試も受かるのではという気さえしていた。現実には勉強は楽しいことばかりではなく、年に五回の考査があり評価を受けなければならぬ。学生諸君にはそんなに余裕をかまして学ぶ余裕などないかも知れないが、本来学習とは楽しいことなのだ。

Nory は昼間は工場で働き、夕方から定時制高校にやってきて授業を受け、部活動をして生徒会活動もこなして四年間、無遅刻・無欠席で本当に頑張った。頭の下がる思いである。卒業後は社会人としてこの日本社会で生きていくことになる Nory、彼女に幸多かれと祈るのみである。困った時にはいつでも小倉南高のみんなを頼ってほしい。Nory, no problem. One dollar!

第二六話　さらば南高

Nory の卒業式が三月一日に行われ、彼女は思いのこもった答辞を残し、小倉南高定時制から巣立っていった。トップクラスをキープした学業だけではなく、生徒会長として活躍した生徒会活動やバドミントンの部活動の部長など、昼間の仕事と両立させながらやり遂げた彼女の四年間の活動の日々を考えると、よくぞ頑張ったという他はない。私たちは、彼女のためにもっと何かしてやれることはなかったかと思うばかりである。

ところで、職員が彼女をサポートするために様々な手立てはしたものの、彼女のような帰国生や外国人生徒を受け入れる側の問題として、あえて記しておかねばならない教育上の課題も少なからずあった。小倉南高は「帰国生徒等受け入れ協力校」である。そして定時制は「サポート教師」を申請して配置されたという経緯があったのだが、そもそも受け入れ協力や支援とは何だろうという問いかけは、常に私の中に繰り返されてきた。彼らは色んな事情があり、日本語や日本文化には遠い環境で育ち、更にまた色んな事情で帰国・来日した子たちであり、いずれにせよ日本社会で生きていく中で、日本語がわからないという不利益を被らないで済むよう、出来るだけの支援をするというのがその趣旨だろうと解釈される。じゃあ日本語が上達すればそれでいいのだろうか？　と思うのである。これは日本語教室に通ってくる技能実習生や国際結婚で渡日した人たちにも共通することなのだが、母語を日本語で塗り替えるとすれば、それでは戦前戦中、支配政策の中で日本軍が行った同化政策と何処が違うのかということである。いやいやいや、バイリンガルになることの何が悪い？　と反論する人もいよう。しかし、一口にバイリンガルと言ってもその種類は大きく四つに分かれる。一　均衡バイリンガル、二　偏重バイリンガル、三　マルチリンガル、四　セミリンガルである。一はバランスよく二言語が習得されるもの、二は二言語のうちのどちらかに偏ってしまうもの、三は二カ国の言語を越えてバイリンガルからトリリンガル、マルチへと習得されるものを指す。さて四のセミリンガルだが、どちらの言語も不十分になり、生活する上で支障をきたすことになるものを指す。これは言語が話者の思考や認識に影響を与えるからであり、アイデンティティの問題とも深く関わってくるのだが、具体的には生活基盤や言語基盤が整わない幼い時に生活環境が変わり、それに伴い言語環境が変わることで、どちらも不十分なまま、自己肯定感が損なわれ、成熟出来ない状態のままに置かれることが原因で起きる現象である。「自分は何者なのか」というアイデンティティの喪失につながることとなり、成長過程に重大な支障をきたすことがある。かように言語は人間の思考と深く関わり、大きな影響を及ぼすものと言える。母語を第二言語で塗り替えるのではなく、基盤を大切にしながらその上に第二言語の文化を築いていくという視点が不可欠なのである。

私は英語の授業をALTとコラボするということは、彼らの文化をも同時に生徒たちに提示することだと考えてきた。ALTをテープ・レコーダー、いや時代が違うな・・・、CDデッキ代わりとしか思っていない英語教師は彼らの言語文化や文化そのものに対する認識が欠如していると言わざるを得ない。

さて、本題に入る。帰国生や外国人生徒を受け入れる、サポートするということは、その文化を日本式に塗り替えることではなく、彼らの文化も受け入れながら交流を図り、双方に国際感覚を培っていく作業だと言える。彼らの文化に触れ理解することで、日本人生徒もその感性が育っていくのだ。Nory　は日本式の教育内容に戸惑いながらも積極的に自分の殻を破り、部活動や生徒会活動、学校行事に関わっていった。しかし、学校側は、形式にとらわれ、一言で言えば「しょーもな」と感じることが時々あったが、最たるものは彼女が三年時、生徒会長として卒業生に読んだ送辞と四年時、卒業生代表として読んだ答辞に対する介入である。全国の全日制高校卒業式における答辞や送辞が何故一律同じような文面になるのかという仕組みは既に紹介したが、定時制のそれはそれにとらわれぬ生徒個人の思いがこめられた独創的な、いい内容のものが多い。Nory の送辞や答辞も彼女の思いが詰まった素晴らしい内容のものだったのだが、読者は、そんないいものならば、何をクレームをつけるのかとお思いだろう。クレームは内容ではなく日付である。卒業式の日付、二〇二一年三月一日、また二〇二二年三月一日、これが駄目だと言う。「令和」にしろというのである。元号は法制化されているので「令和」を使えと言う。こういうことがある度に、私は学校に教育改革は遠い、学校教育は駄目だなと思う。元号が法制化されたとは言え、それは生徒が思いを綴った送辞・答辞に対して強制することかと思う。Nory は一八年間過ごしたフィリピンから日本にやってきて日本の学校に入学し、この国で生活するために力いっぱい頑張ってきた。彼女が「令和」でなく、西暦で記したことは自然の成り行きだろう。この子に「令和」を使えと強制することの意味は何なのか？　じゃあ「TOKYO2020」はどうなんだ？　内閣・国会を上げて「2020」を使ってきたじゃないか？　学校としては元号を使えと抗議するべきじゃないのか!?　全く馬鹿馬鹿しくなってくるのだが、学校とはこんな無意味なことにこだわり、それが一大事だと言わんばかりに守ろうとする場なのである。国際化は遠いと私は思う。大人のグダグダした事情とは無縁に、爽やかな思い出を残して Nory は卒業していった。私も Nory のサポート特任教師という任務を終え、小倉南高校を後にした。

おわりに

「ちょっといい話」を編集して本にて出版をとの話をいただき、皆さんに定時制高校を知っていただく絶好の機会だと、有難くまた嬉しく思ったことである。改めて当時の原稿を読み返してみると、つい昨日のことのように当時の記憶が蘇ってきて懐かしく、心温まる思いがする。定時制高校の日々は生徒たちとの思い出、一緒にやってきた職場の同僚との思い出である。人生の先輩である年配の方たちの中には既に亡くなられた方たちもおられるが、忘れ得ぬ卒業生の方たちと一緒に紡いだ定時制日記の 一ページ、一ページは今も色褪せることなく、今の自分の活力となっている。更に若き卒業生たちはまた社会に飛び出し活躍をし、職場で輝き、あるいは幸せな家庭を築き生き抜いている。彼らが苦しいことに出会いくじけそうになった時、定時制高校時代頑張れたこと、困難に負けず踏ん張れたこと、自分の力で輝けたことを、ちょっとでも思い出して生きていってほしいと私たちは思っているのだ。

著者紹介

林内　隆二（はやしうち　りゅうじ）

高校英語教師退職後、帰国生・外国人生徒サポート特任教師、日本語指導協力員を経て中学校英語非常勤講師、小学校英語専科教師にたずさわり現在に到る。教師稼業のかたわら1995年より人権バンド『願児我楽夢』（がんじがらめ）のメンバーとして「人権」をテーマとする1500回を越えるコンサート活動を展開中。近年はNGO「日韓市民100人未来対話」のメンバーとして国際交流活動を継続。また剣道を通じ韓国やフランスとの国際交流活動にも関わっている。

※本書は、（公社）福岡県人権研究所機関誌『リベラシオン―人権研究ふくおか』147～190号（2012～2023年）に連載された「ちょっといい話」（林内隆二）より、「定時制編」のみ抜粋し、加筆修正しております。

Hello, everyone!!

Mr.Rinnaiの定時制日記

2024年11月24日　初版　第1刷　発行

著者　**林内　隆二**

イラスト　**コトキ**　カバーデザイン　**魚住瑞恵**　編集　**田中美帆**

発行　**公益社団法人　福岡県人権研究所**

※「菜の花」は（公社）福岡県人権研究所の絵本・ブックレット・小説・エッセイ等の単行本のレーベル名です。

〒812-0046

福岡市博多区吉塚本町13-50 福岡県吉塚合同庁舎4階

Tel（092)-645-0388 FAX（092)-645-0387

（URL）http://www.f-jinken.com/

（E-mail）info@f-jinken.com

振替 01760-9-011542番・福岡県人権研究所

ISBN 978-4-910785-22-6　C0037　￥1000E

頒価1100円（10%税込）（本体1000円+税）